Julchen Bloom · Erich Blaich
Renate Löffler

SPIELEN UND LERNEN IM ENGLISCHUNTERRICHT

75 Lernspiele mit vielen Varianten

Cornelsen

Professor Dr. Renate Löffler
Pädagogische Hochschule Reutlingen

Spielen und Lernen im Englischunterricht
75 Lernspiele mit vielen Varianten

10., völlig neu bearbeitete Auflage von

Julchen Bloom · Erich Blaich
Lernspiele und Arbeitsmittel im Englischunterricht

Zeichnungen: Nicole Berger
Umschlagzeichnung: Gabriele Heinisch
Layout: Dierk Ullrich

1. Auflage – 3. Druck 1991

Druck: Fürst & Sohn, Berlin

ISBN 3-464-00646-8
Vertrieb: Cornelsen Verlagsgesellschaft, Bielefeld
Bestellnummer 6468

Inhaltsverzeichnis

Es soll hier keine Definition des Spielbegriffs und keine Analyse der Spielstruktur gegeben werden. Das ist an anderer Stelle vielfach geschehen und nachzulesen.[1]

Auch auf die weiterführende Fragestellung, wie weit die Eigenstruktur des Spiels sich in den von andersartigen Faktoren und institutionellen Bedingungen geprägten Rahmen „Unterricht" einpassen läßt, soll hier nicht grundsätzlich eingegangen werden.

Sicher ist, daß das Spiel durch eine „Indienstnahme" innerhalb des Unterrichts nicht mehr in einem grundsätzlichen und umfassenden Sinn zweckfrei sein wird, zumindest nicht von der Intention des Planenden her. Im günstigen Fall kann es vom Spielenden noch zweckfrei erlebt werden.

Jedoch ist es wichtig, hier festzustellen, daß die Eigenstruktur des Spiels und Spielens soweit als irgend möglich auch bei unterrichtlichem Einsatz erhalten bleiben sollte, so daß sein Eigenwert durch seinen „Dienstwert" nicht verdeckt oder ersetzt wird, sondern beibehalten oder sogar ergänzt und erweitert wird.

Zunächst soll allen Lesern und Benutzern dieses Buches der kleine Begleiter vorgestellt werden, der sie durch die Seiten des Buches führen und den jeweiligen Bedürfnissen gerecht werden will: das „Tröpfle". Das „Tröpfle" ist ein in Wesen und Ausdruck höchst vielseitiger, humorvoller kleiner Kobold. Im Schwäbischen steht „Tropf" oder der Diminutiv „Tröpfle" (der verniedlicht *und* intensiviert) auch für „Schlaumeier" oder „Pfiffikus". Das „Tröpfle" kann

Wegweiser sein: Was brauche ich? Wo finde ich was?;

schlaue Tips geben zum Einsetzen und Verändern von Spielen;

sich mitfreuen, wenn ein Spieler oder ein Team gewinnt. Dann gibt es nämlich ein „Tröpfle" als Preis (siehe Vorlagen auf Seite 112).

[1] Anmerkungen siehe Seite 18f.

I. Was bringen Spiele im Fremdsprachenunterricht? Welche Arten werden hier angeboten?

Wir erwarten etwas vom Einsatz von Spielen im Fremdsprachenunterricht. Nicht praktisch-bequeme „Lückenfüller“, auch nicht lediglich motivierendes „Extra mit Belohnungscharakter“ sollen sie sein, sondern ein in die Lernprogression und die Arbeitssituation „integrierbares Lernangebot“, das von seiner Eigenstruktur her diejenigen Seiten der Spieler anspricht, die in einem vorwiegend kognitiv ausgerichteten Lernprozeß vielfach ausgeklammert bleiben:

- Im Spiel kann der Spieler Gefühle wahrnehmen, zulassen und auch nonverbal oder verbal ausdrücken.
- Die Körperwahrnehmung in Motorik, Gestik und Mimik kann beim Handeln im Spiel viel Raum einnehmen.
- Phantasie, Kreativität und Einfallsreichtum sind gefragt.
- Andere als die üblichen Verhaltensweisen können im Schonraum des Spiels erprobt werden.

Dabei entdeckt der Spielende neue Seiten an sich und an den Mitspielern. Selbst- und Fremdwahrnehmung entwickeln und erweitern sich. Man kann sich messen im spannenden Wettbewerb, findet aber im Rhythmus des Spiels zu ausgleichender Lösung und Entspannung.

Insgesamt also spricht das Spiel auch im Fremdsprachenunterricht die Spieler *ganzheitlich* an. *Ganzheitlichkeit* steht – im Licht der Neuropsychologie betrachtet – auch für die Integration der Aktivitäten der beiden Gehirnhälften im Prozeß des Spracherwerbs. Bei vorsichtiger Übertragung neuropsychologischer Einsichten[2] gilt die Erkenntnis, daß analytische und synthetische Prozesse stärker in der linken Gehirnhälfte angesiedelt sind, die sinnsuchenden und bildhaft veranschaulichenden Prozesse eher in der rechten. Die schulische Tradition – auch im Sprachunterricht – wendet sich vorwiegend an die logisch verknüpfende, verbale linke Hemisphäre, und die Kräfte der assoziativ-bildhaft vorgehenden, rechten Hemisphäre bleiben ausgeklammert oder werden gerade noch toleriert. Daher ist eine Integration beider Seiten außerordentlich wichtig, sicherlich *auch* im Sinne einer Optimierung von Lern- und Speicherfähigkeit, vor allem jedoch für das Wohlbefinden und die ganzheitliche Entwicklung des einzelnen. Erst die Verbindung beider befähigt den Lernenden zu einem situationsangemessenen sprachlichen Handeln.[3] Die wichtige Rolle der rechtshemisphärischen Aktivität wird deutlich und damit die Notwendigkeit einer Integration beider Seiten. Verbindung und Austausch zwischen beiden Hemisphären wird schon seit einiger Zeit in neuen methodischen Ansätzen gesucht.[4] Eine Möglichkeit zur Aktivierung der rechten Hemisphäre und damit einen Impuls zur Integration bietet das Spiel. Und dies um so mehr, je stärker dabei bildhaft-symbolisches Denken, assoziative Verknüpfung und nonverbaler Ausdruck Raum erhalten: Humor und Witz in Dialogen und Spielsituationen; ungewöhnliche, kreative Verbindung gegensätzlicher Vorstellungen in Wort und Bewegung; vor allem auch das Einbeziehen von Gestik und Mimik als Ausdrucksmöglichkeiten (Pantomime, Parodie) schaffen im Spiel sehr leicht einen Raum für die ganzheitlichen Erlebnis- und Ausdrucksmöglichkeiten der Spielenden.

Natürlich bleiben daneben die „schulischen Bedingungen" des Fremdsprachenunterrichts eine Realität. So können durch Spiele auch die konkreten Unterrichtsziele mitverfolgt werden („Dienstwert" der Spiele). Sprache wird übend in Reproduktion und freier Verfügung gebraucht, der Spielende hört, reagiert, spricht, liest, schreibt. Im Bereich des Sprechens führt der Weg vom nachahmenden Sprechen (stark strukturierte Sprechspiele) bis zum freien, situationsangemessenen Reagieren auf den Gesprächspartner im Rollenspiel. Außerdem beziehen Spiele viel an allgemeinem Wissen und an Lebenserfahrung der Spieler mit ein (z. B. *Crossword puzzles, Guess my job*), so daß sie stärker an das außerschulische Leben, den persönlichen Erfahrungsraum des einzelnen angeschlossen sind und gleichzeitig eine Abhängigkeit von Lehrer und Schule als alleingültiger Informationsquelle abbauen.

Unterschiedliche Spiele setzten auf dem weiten Feld des Spielens im Fremdsprachenunterricht unterschiedliche Akzente. Im Rahmen der vorliegenden Sammlung haben wir uns für eine Einteilung der Spiele entschieden, die eher „einsatzbezogen" als systematisch schlüssig ist.

Es gibt vier Gruppen von Spielen:

Einstiegsspiele	Hier geht es um den Einstieg in eine Spielphase oder in das Spielen ganz allgemein.
Sprechspiele	Hier geht es vorrangig um die Fertigkeit des *Sprechens* (Hörverstehen natürlich eingeschlossen).
Schreibspiele	Hier geht es in erster Linie um die Fertigkeit des *Schreibens* (Hörverstehen, Sprechen, Lesen eingeschlossen).
Materialspiele	Hier wird „Material" benötigt: Kärtchen, Bilder, Packpapier, Filzstifte usw.

Die Einstiegsspiele, sonst auch *warming-up sessions, ice-breakers* oder Anwärmspiele genannt, tragen ihre Bezeichnung nach Ort und Funktion des Einsatzes: Sie helfen einer Klasse/Gruppe, in Kontakt miteinander zu kommen, in ein Vorhaben einzusteigen, einander zu sehen, aufeinander zuzugehen und im Schonraum eines strukturierten Spiels eine Beziehung zueinander aufzunehmen. Wichtig ist dabei, Angst abzubauen, Neugier anzuregen, Zutrauen zu wecken, so daß motorisch und sprachlich erste Schritte möglich werden. Spiele in dieser Funktion sind durch einige Strukturmerkmale gekennzeichnet:

- Sie haben meist relativ kurze Dauer.
- Alle Spieler werden gleichzeitig einbezogen (z. B. Kreisform, Bewegung aller im Raum).
- Es gibt keine Einzeldarbietungen mit Leistungscharakter.
- Gemeinsamkeiten werden betont oder gefunden.
- Nonverbales Verhalten (Motorik – Gestik – Mimik) bildet die „grundlegende Gemeinsamkeit".
- Sich vorstellen, Namen nennen, sich im Schonraum des Spiels zeigen (evtl. mit Hilfe eines Mediums: Tier, Puppe, ein gewählter Gegenstand, ein Symbol) sind die Ziele.
- Spaß und Humor spielen eine wichtige Rolle (Raum für evtl. abweichende Einfälle während des Spiels).

Diese Strukturelemente machen deutlich, daß hier das „Miteinanderumgehen im Spiel" wesentlich ist und sprachliche Bereiche begleitend dabei, aber nicht als Zielvorstellung leitend sind.

Mit den Strukturelementen kann man spielen und so zu neuen eigenen Einstiegsspielen kommen.

Die Sprechspiele haben als gemeinsames Merkmal, daß die Fertigkeit des Sprechens im Mittelpunkt steht. Da Sprechen hörendes Verstehen voraussetzt, kann man auch sagen, daß es bei Sprechspielen betont um *Hören, Verstehen* und *Sprechen* geht. Sprechen reicht dabei je nach Spiel von der wiederholten, nachahmenden Reproduktion bis hin zum freien Sprechen in Dialog und Rollenspiel, wo die Sprachäußerung der Interaktionssituation entspricht. Sprechen umfaßt Information, Aussprache, Mimik und Gestik. Spiele dieser Gruppe tragen ebenfalls bestimmte Strukturmerkmale:

- Häufige, wiederholende Sprechmöglichkeiten für alle Spieler;
- Spannung durch leichte bis schwierige Veränderungsmöglichkeiten, die auch eigene Entscheidungen der Spieler zulassen;
- beim reproduzierenden Sprechen eine deutlich umrissene sprachliche Zielsetzung (z. B. *if-clauses, present perfect,* Farbadjektive usw.);
- beim freien Sprechen, z. B. im Rollenspiel, eine klar definierte Situation (Ort, Zeit, Rollen, Problemstellung).

In der vorliegenden Sammlung weist diese Gruppe eine Progression auf vom nachahmenden zum freien Sprechverhalten. Dabei ist am Anfang die klar umrissene Zielsetzung besonders wichtig, weil auf dieser Basis Vertrautheit mit der Aufgabe und damit Lust und Spaß an der Sache aufkommen sowie die Bereitschaft zu höherem Risiko (mehr sagen, größeres Tempo) wachsen kann. Die Freude am momentanen Tun ist auch beim Rollenspiel wichtig. Dabei geht es nicht um die Vorbereitung für eine dann stattfindende „Darstellung", sondern das Spiel ist Probe und Aufführung zugleich – alle Zuschauer sind auch Spieler.

Bei den Schreibspielen steht die Rechtschreibung (*spelling*) im Mittelpunkt, was wiederum das Hör- und Leseverstehen und das Sprechen voraussetzt. Damit ist bereits ein sehr differenziertes Sprachverhalten des Spielers angesprochen.

Während bei Sprechspielen die Kreis- oder Kettenstruktur (*chain games*) vorherrschen, verlaufen Schreibspiele entweder in Teams (Wettbewerb zwischen zwei oder mehr Teams), in Kleingruppen oder Partnerarbeit und sehr häufig auch in Einzelaktivität (z. B. *Crossword puzzles, Word puzzles*) mit anschließendem Vergleich.

Bei den Schreibspielen, unter anderem in Partner- oder Einzelstruktur, ist das Eingehen auf ein individuelles Arbeitstempo eher möglich. Gleichzeitig setzt die Spielregel über den Wettbewerb ein Zeitlimit, das die Spannung erhöht. Da Schreibspiele nicht im gleichen Sinn wie Sprechspiele „gruppen- oder klassenöffentlich" sind, sollte am Schluß immer eine Rückmeldungsphase stehen zum Vergleich (Wandtafel, Folie) oder aber eine eingebaute Selbstkontrolle möglich sein (Lösungswort – Lösung nachprüfbar).

Materialspiele haben ihre Bezeichnung einfach aus der Tatsache, daß sie mit Materialien einhergehen, die vorgefertigt angeboten oder gemeinsam mit der Klasse vorher erstellt werden (Buchstaben-, Wort- und Bildkärtchen, Frage-Antwort-Kärtchen), während die bisher genannten Spiele leicht und an jedem Ort durchgeführt werden können (evtl. mit Wandtafel, Kreide, Papier und Schreibzeug oder einigen Requisiten beim Rollenspiel und Dialog).

Bei Spielen mit Kärtchen, Bildvorlagen usw. ändert sich das Umfeld: Material muß bereitgestellt und verteilt werden. Sieht man davon ab, verlaufen die meisten Materialspiele als *Sprech*spiele, sehr häufig in Kleingruppen (4–5 Spieler) mit entsprechend hoher Sprechzeit der einzelnen. Bei dieser Art von Gruppenspielen ist die sorgfältige Vorbereitung mit spielsteuernden Redemitteln besonders wesentlich, da im Spielverlauf die Gruppen weitgehend für sich selber sorgen werden und Lehrerhilfe und -kontrolle zumindest zeitweise völlig wegfallen.

Daß die Materialspiele in einer Gruppe zusammengefaßt sind, hat auch organisatorische Gründe: Die Materialien können für alle Spiele selbst hergestellt und bereitgelegt werden. Häufig lohnt es sich, mit einer Klasse mehrere Sets, z. B. von Buchstabenkärtchen, anzufertigen und im Wechsel in den Gruppen und mit Varianten zu spielen.

Hinweise zu einzelnen Spielen und Suchhilfen finden sich im Register.

II. Wie mache ich es, wenn ich Spiele im Fremdsprachenunterricht einsetze?

Wenn wir anfangen, mit Spielen im Fremdsprachenunterricht umzugehen, machen wir unversehens eine Fülle von Erfahrungen mit uns selber, mit den Klassen und den Spielern. Manche dieser Erfahrungen sind erfreulich und ermutigen, einfach weiterzumachen. Andere verleiten zum Nachfragen, fordern zur Auseinandersetzung heraus und führen uns dann vielleicht ein Stück weiter.

Einige Erfahrungen mit Schulklassen und Seminaren – eigene und solche von Lehrerinnen/Lehrern und Studentinnen/Studenten – habe ich hier zusammengetragen. Teilweise werden sie sich decken mit Erfahrungen, die jeder bereits selbst gemacht hat. Doch bleiben sicher auch Fragen offen, zu denen individuelle Antworten gefunden werden können.

In diese spieldidaktischen Anmerkungen gehen psychologische, pädagogische und fachdidaktische Überlegungen im Umgang mit Spielen ein.

1. Wie läßt sich eine Klasse/Gruppe zum Spielen bewegen?

Bei jüngeren Klassen vor der Pubertät (in der Regel 1. und 2. Lernjahr) führt der Weg meist über die Bewegung, was auch der natürlichen Bewegungslust dieser Gruppe entgegenkommt. Die einzelnen Phasen sind: Bewegung ohne Worte im Raum, dann Pantomime und langsam über Gestik und Mimik, Laute äußern, Rufen, auch das Wort. Für viele Schüler dieser Altersgruppe ist die Vertrautheit mit dem Wort (d. h. bekannte Struktur, vertraute Redewendung) eine wichtige Voraussetzung. Viele Schüler regt freies Sprechen zu eigenen kreativen Ausdrucksmöglichkeiten an, bei anderen jedoch erzeugt es eine Sprechhemmung, die allerdings oft ganz unproblematisch muttersprachlich „übersprungen" wird.[5] Hier ist individuell zu entscheiden, und wahrscheinlich ist eine vorübergehende Unterforderung weniger schädlich als die Überforderung in diesem Stadium.

Bei älteren, spielungewohnten Schülern kann der Weg zum befreiten Spielen gut über stark strukturierte Lernspiele gehen. Spiele mit spielsteuernden Materialien (z. B. Kärtchen mit *activities*) sind ebenfalls geeignet, solche Gruppen behutsam zum freieren Spiel hinzuführen, wo es um die „ungewohnten“ Verhaltensweisen geht: spontane Einfälle äußern (z. B. *Mindbenders*), Gegensätzliches assoziativ verknüpfen (z. B. *Alibi*), sich nonverbal bewegen und ausdrücken (z. B. *Pantomime*).

Nicht alle Einstiegsspiele sind für alle Gruppen geeignet: Wichtig ist, darauf zu achten, daß die Spieler (gerade auch ältere Schüler) immer die Möglichkeit haben und wahrnehmen lernen (Hinweise sind oft wichtig!), daß sie selber den Grad ihrer Offenheit und Begegnungsintensität bestimmen können (Wieviel will ich von mir sagen oder zeigen?). Und daß es vollkommen legitim ist, sich so abzugrenzen, wie es heute für jeden stimmt und morgen vielleicht diese Grenze zu erweitern oder umgekehrt. Auch die Zeit, die man für Einstiegsspiele ansetzt, muß bedacht werden: Je mehr Zeit für eine nonverbale Aktivität zur Verfügung steht, desto höher empfinden manche Spieler den „Leistungsdruck“ – dabei kann Angst entstehen. Entscheidend freilich ist, daß auch vor dem Einstiegsspiel schon ein Gefühl von Bekanntheit oder Vertrautheit da sein muß. Ein wichtiger Beitrag zur Entwicklung von Selbstvertrauen im fremdsprachlichen Spiel ist das Aussetzen des Leistungsdrucks (also besser keine Wettbewerbsspiele am Anfang!) und eine ganz bewußte Fehlertoleranz durch den Spielleiter.

2. Wie gehe ich mit der „Spielregel“ um?

Regeln sind ein wesentlicher Bestandteil des Spiels. Sie konstituieren den „Spielraum“. Der Spielende läßt sich auf die getroffene Vereinbarung ein, die die Spielwelt erstellt und gewährleistet, indem sich alle Spieler daran halten. Raum, Zeit, Struktur (nach Gestalt und möglichen Inhalten) sowie der Ablauf werden so vereinbart. Wir brauchen also Spielregeln. Meist vergibt der Spielleiter die Regeln, so daß für den Spielenden der Eindruck eines festen Systems entstehen kann. An dieser Stelle ist wichtig zu sehen, daß gerade die Regeln ein Spiel beweglich und variabel machen. Ein einfaches Beispiel veranschaulicht dies. Bei *If you were a tiger* wirft der Spielleiter einem Spieler ein geknotetes Tuch zu und stellt die Frage: *Where would you go if you had a lot of money?* Diese Frage läßt sich verändern durch: *What would you visit if you went to England?* (Zielbereich: Sehenswürdigkeiten) oder ergänzen durch die Begründung der gegebenen Antwort: *I would go to Africa, because I want to see some wild animals.* Eine weitere Steigerung besteht in der Ausweitung der Antwort: *I would go to Africa by plane/ship/car* (Zielbereich: Verkehrsmittel).

Dieses Beispiel zeigt Regelveränderungen im sprachlichen Zielbereich. Das gleiche könnte mit der Struktur (Kreis, Kette, Partner) oder dem Verlauf (Tempo, Reihenfolge: Aufrufen, eigene Entscheidung usw.) geschehen. Regeln verändern hilft, ein Spiel dem Lernniveau, der sozialen Situation einer Gruppe, dem Umfeld einer Gruppe anzupassen und damit Über- oder Unterforderung zu vermeiden.

Regeln verändern hilft auch – dies ist im Blick auf den Spielleiter besonders wichtig –, sich selber die Spiele individuell zu gestalten, „maßzuschneidern“ und mit Lust kreativ zu sein, also wegzukommen vom oft wiederholten Rezept und „Fertiggericht“.

Noch ein praktischer Hinweis zum Schluß: Beim Einführen der Regeln ist es wesentlich, daß alle Schüler, besonders aber die schwächeren, sie verstehen. Selber wiederholen oder durch einen Spieler wiederholen lassen, in schwierigen Fällen eine muttersprachliche Wiederholung, ein selbstgezeigtes Beispiel oder ein Probelauf können hilfreich sein.

3. Wie kann ich Gruppen bilden?

Gruppenbildung kann zweckorientiert oder prozeßorientiert angegangen werden. Bei zweckorientierter Gruppenbildung geht es vor allem darum, anschließend mit diesen Gruppen etwas zu tun. Die Gruppenbildung hat also kein Eigengewicht, sondern nur den Zweck, Gruppen zu haben. Sie soll daher möglichst rasch und problemlos vor sich gehen. Dafür eignen sich

- Abzählen (im Zahlenrhythmus der Gruppenzahl: bei 4 Gruppen also 1, 2, 3, 4);
- Zettelziehen (aus einem Hut oder Korb; z. B. bei 4 Gruppen 4 Farben, 4 Tiere, 4 Städte, 4 Länder usw. Jede Farbe, jede Stadt, jedes Tier, jedes Land bildet eine Gruppe.);
- Aufteilung nach äußeren Merkmalen, wenn sie ausgewogen auftreten (Haarfarbe, Kleidung, Schuhe; Sitzplätze im Raum: Fenster–Tür);
- Geometrische Aufteilung der sitzenden Gruppe (rechte, linke, hintere, vordere Ecke);
- Postkarten-Puzzle (Soviel Postkarten/Bilder wie Gruppen werden in so viele Teile zerschnitten wie Gruppenmitglieder vorhanden sind. Die Teile werden durcheinandergeschüttelt, jeder Spieler zieht eines und sucht sich seine Puzzle-Freunde.);
- Schnurbündel (Der Spielleiter hält ein Bündel gleichlanger Schnüre, so viele wie Partnergruppen/Vierergruppen erwünscht sind, in der Hand. Jeder Teilnehmer – bei Vierergruppen je zwei Teilnehmer – faßt ein Ende, der Spielleiter läßt los, nun findet jeder seine(n) Partner am anderen Ende der Schnur.).

Diese Wege gehen mehr oder weniger rasch, bereiten Spaß, Spannung oder Überraschung und ergeben eine Zufallsverteilung. Die Regelung über den Zufall (Los ziehen) wird meist auch von allen Teilnehmern ohne Protest oder Diskussion angenommen. So entstehen aber möglicherweise auch heterogene Gruppen (sehr leistungsstarke gegen leistungsschwache Gruppen, nur Jungen, nur Mädchen usw.). Will der Spielleiter mehr Ausgewogenheit, also unter einem bestimmten Gesichtspunkt homogene Gruppen, dann sind Vorüberlegungen und die namentliche Zusammenstellung der Gruppen durch ihn erforderlich. Dies lohnt sich gewiß bei länger dauernden Vorhaben (Projektarbeit, Kooperationsspiele), nimmt aber mehr Zeit in Anspruch, da es meist Einwände gibt.

Läßt man Gruppenbildung oder Partnersuche frei verlaufen, findet ein gruppendynamischer Prozeß statt, der ebenfalls einen größeren Zeitaufwand erfordert. Der Gruppenbildungsprozeß gewinnt dann Eigengewicht im Spielverlauf. Das erweist sich als sinnvoll zu Beginn einer längeren Spieleinheit, so daß begonnene Entwicklungen, die mit einer freien Wahl eingeleitet worden sind, zu Ende laufen können. Die Aufforderung *Find yourself a partner* kann bei freier Bewegung im Raum Lust auslösen, aber auch Angst vor Entscheidung oder Angst, auf jemand zuzugehen. Man kann dabei Entscheidungshilfen geben, z. B. *Find somebody you don't know very well yet* oder *Find somebody you would like to talk to right now.*

Eine eigene Entscheidung fällt auch bei der Gruppenbildung nach Arbeitsvorhaben. Arbeitsaufträge oder Themen können als Wandzeitung bekanntgemacht werden. Die Spieler orientieren sich und entscheiden sich dann für ein Vorhaben (Gruppengröße vorher festlegen!). Oder für jedes Thema stehen die Gruppenleiter fest (selbst oder vom Spielleiter gewählt), und die übrigen Spieler gruppieren sich um sie.

Eine Möglichkeit der „strukturierten Eigenwahl" ist die Zweiergruppenbildung über zwei gleich große konzentrische Kreise, die sich kurz gegengleich bewegen. Dann wenden sich die Spieler des Innenkreises nach außen und finden ihre Partner im Gegenüber aus dem Außenkreis. Bei der Dreiergruppenbildung sind im Innenkreis ein Drittel, im Außenkreis zwei Drittel der Spieler; dann verläuft die Gruppierung analog.

Ein Wechsel zwischen verschiedenen Gruppierungsmöglichkeiten ist pädagogisch und psychologisch wichtig. Wann welche Form sinnvoll ist, hängt von der Situation der Gruppe und vom Spielvorhaben ab (Zeit, Gewicht des Gruppenbildungsprozesses). Wenn möglich, wird es sich lohnen, Zeit für die Gruppenbildung und die dabei ablaufenden nonverbalen und verbalen Prozesse (muttersprachlich – zielsprachlich?) einzuplanen und diese Vorgänge und Entscheidungsprozesse zu einem späteren Zeitpunkt einmal zu thematisieren. Für ein solches Vorhaben sind auch Spiele geeignet, besonders solche, in denen *decisions* anstehen (z. B. *Labels*).

4. „Leistungsnachweis“ oder „Zufall“ in der Spielgestaltung?
Wie steht es mit dem Wettbewerb?

Unter den Strukturelementen, die das Spiel bestimmen, sind viele, bei denen der „Zufall“ wirkt (siehe Gruppenbildung). Verstecken – erraten, blind wählen, Lose ziehen, Flaschen drehen, würfeln: Solche Zufallsentscheidungen schaffen Spannung, Lust, Erwartung, Enttäuschung, Überraschung. Der regierende Zufall wird jedoch von allen Spielern als eine Gegebenheit, die jedem „zufällt“, akzeptiert. Von der Wahrscheinlichkeit her bestehen gleiche Chancen für alle – oder gibt es „Glückspilze“ und „Pechvögel“?

Anders ist es, wenn eine *erbrachte Leistung* (Zahl der gefundenen Wörter, Sprechtempo, Lesefertigkeit usw.) die Gewinnchance bestimmt: Dabei wird die erworbene Fertigkeit/Fähigkeit belohnt. Die Chancen sind relativ überschaubar, vorhersagbar und erscheinen nach *Verdienst*. Dies ist eine realistische Situation, wie sie dem Leben in unserer Gesellschaft weitgehend entspricht: Leistung entscheidet. Doch fehlt dabei meist das Überraschungsmoment. Laufen Spiele *nur* über *Leistungsnachweise* ab, verlieren sie rasch an Spannung. Das Ergebnis ist durch das den Schülern nicht unbekannte Leistungsprofil der Gruppe oder der einzelnen praktisch vorprogrammiert. Vor allem zementieren diese Spiele das Leistungsgefälle einer Gruppe und entmutigen die Schwächeren. Allerdings kann auch das nur zufallsgeprägte Spiel, bei dem über Leistung nichts entschieden werden kann, auf die Dauer frustrierend wirken. Die eigene Lernstrategie zu finden, eigene Leistung sinnvoll einzusetzen, macht auf jedem Lernniveau Spaß und kann Erfolgserlebnisse bringen.

Eine Mischung aus Zufallselementen (Würfel, Los, Aufruf usw.) und angemessenem Leistungsnachweis ist also sicherlich eine gute Lösung. Wesentlich scheint mir auch, daß die „Leistung“ im Spiel dann durchaus nicht nur kognitive/logisch-analytische Fertigkeiten einschließt, sondern – im Sinn der rechts-links-hemisphärischen Integration – auch kreative Zufälle, Spontaneität, rasches Reagieren, witzige Assoziationen, Handlungsstrategien für das Verstecken und Erraten, Mimik und Gestik. Ein solcher Leistungsbegriff schafft nicht mehr ausschließlich eine Abgrenzung zwischen „starken“ und „schwachen“ Schülern oder Spielern; dabei sind Überraschungen fällig.

Leistungsnachweis und Zufall als spielsteuernde und spannungserzeugende Elemente hängen eng zusammen mit einem weiteren Spielprinzip, dem *Wettbewerb.*

Schon immer ist der Vergleich, das Sich-Messen mit anderen, motivierend und spannungserzeugend gewesen und auch so erlebt worden, taucht es doch bei kleinen Kindern spontan als lustvolles Spiel auf. So ist es nicht verwunderlich, daß es in vielen, selbst sehr simplen Lernspielen als Prinzip vorkommt. Im Grunde könnte aus einer einfachen *Übung* allein durch den Wettbewerb ein simples *Lernspiel* entstehen (*Who can finish all the sentences first?* oder z. B. Wettlesen, um die Wette Wörter finden und aufschreiben usw.). Weil dieser „nächste" Wettbewerb pädagogisch gesehen fatal wirken kann, wird er mit Recht in Frage gestellt. Es gibt seit geraumer Zeit eine zunehmende Zahl von Spielen, bei denen es mehr um Kooperation als um Wettbewerb und Rivalität geht.[6]

Unsere Gesellschaft lebt von Wettbewerb, dem Sich-Messen und Vergleichen, und Rivalität ist auch ein Regulativ des gesellschaftlichen Systems in der Institution Schule. Wir wissen, wie im Gefolge von Wettbewerb Konkurrenz, Neid und Eifersucht wachsen und oft die Kooperation und gegenseitige Hilfe beeinträchtigen.

In der Didaktik finden sich daher verständlicherweise durchaus gegensätzliche Positionen.[7] So sehr Wettbewerb motiviert und zu höheren Lernanstrengungen und dann -ergebnissen führt, so deutlich wird andererseits der Nachteil sichtbar, wenn trotz gleicher Anstrengung einzelne eben nicht erfolgreich wetteifern können. An diesem Punkt möchte ich ansetzen bei der Entscheidung über Wettbewerb in Lernspielen.

Wettbewerb als lust- und spannungserzeugendes Moment soll sein; aber seine Dynamik sollte dann genutzt werden, wenn die Ausgangsposition aller Spieler/Schüler möglichst ähnlich ist. Das bedeutet, daß alle im Spiel unbedingt *erforderlichen* Strukturen und Redemittel allen Spielern vertraut sind, daß die *Spielregeln* und der *Spielablauf* ganz klar sind und daß die zur Verfügung stehende Zeit (wenn Zeitmessung zum Wettbewerb hinzutritt) nicht zu knapp bemessen wird. Ein wichtiger Punkt ist auch: Wettbewerb zwischen einigermaßen homogenen Gruppen oder Teams ist pädagogisch sinnvoller als der Wettkampf zwischen einzelnen.

Grundsätzlich wichtig scheint mir jedoch immer das soziale Gefüge einer Gruppe: ob sie Wettbewerb erträgt, weil auch viel Kooperationsbereitschaft da ist, oder ob schon eine geringere Dosis Wettbewerb zur Abwertung oder gar Diskriminierung von leistungsschwächeren Mitspielern führt. Es ist abhängig von der Wahrnehmungsfähigkeit des Spielleiters, wieviel an Wettbewerb er einer Gruppe anbieten wird.

Bei der Durchführung von Wettbewerbsspielen ist grundlegend wichtig, in welcher Weise die Leistung gemessen und belohnt wird: Kein Schüler sollte bei schwacher Leistung ausscheiden (wie es z. B. beim Wettlesen manchmal gehandhabt wird), denn gerade er braucht die Übungschance, abgesehen von der Frustration durch das Ausscheiden.

Als Belohnung eignen sich „Tröpfle"-Buttons, Punkte, Sternchen, Symbole oder Gegenstände (Bleistifte, Stäbchen, Steine)[8], die erworben und dann gezählt werden.

5. Korrigieren oder tolerieren?

Es ist sicher die wichtigste Feststellung, daß in ein laufendes Spiel nur dann korrigierend eingegriffen werden soll, wenn es für den erfolgreichen oder ungestörten Verlauf des Spieles dringend erforderlich ist. Wenn z. B. eine immer wiederkehrende Struktur oder Redewendung, um die es möglicherweise gerade geht, in diesem Spiel ständig fehlerhaft oder fragmentarisch gebraucht wird und sich möglicherweise einschleift, dann ist ein Eingreifen nicht nur vertretbar, sondern wirklich sinnvoll und notwendig. In solchen Fällen Toleranz zu üben, stellt den Ertrag des Spiels und vielleicht auch den Spaß daran in Frage.

Dagegen ist es wichtig, einen ablaufenden Dialog z. B. nicht zu unterbrechen wegen eines sprachlichen Fehlers, solange die Verständigung gewährleistet und der Fluß des Sprechens da ist. In solchen Situationen gibt es andere Möglichkeiten, mit „Fehlern" umzugehen:

- Der Lehrer/Spielleiter macht sich Notizen und bringt ausgewählte (häufig wiederkehrende) Fehler unmittelbar anschließend oder aber bei nächster Gelegenheit im Unterricht ein.
- Die spielende Gruppe diskutiert gemeinsam anschließend die „Schwachstellen" oder „Lücken" im freien Dialog des Spiels. Wo sind oder waren Bedürfnisse nach entsprechenden Redemitteln? Wo fehlten Strukturen?
- Das gemeinsame Abhören eines Mitschnittes wird immer wieder vorgeschlagen, sollte aber nur in Ausschnitten geschehen, da es sehr ermüdet und zusätzliche Sprachbarrieren aufbauen kann.
- Eine gute Möglichkeit, mit Fehlern umzugehen, ist die Prophylaxe. In der nächsten Spielsituation sind im Rahmen der vorbereitenden Erarbeitung der Redemittel *vorbeugend* bestimmte Wendungen, Wörter, Strukturen einzubeziehen und visuell deutlich zu kennzeichnen (Farbe, Unterstreichen, Einrahmen, auf Wandtafel, Folie oder Arbeitsblatt für die Hand des Schülers).

6. Passung und Integration – das Spiel als „integriertes Lernangebot“

Ein immer wiederkehrendes Argument gegen den Einsatz von Spielen im Fremdsprachenunterricht ist die Frage der Zeit, die damit dem „eigentlichen“ Unterricht verlorengeht. Abgesehen davon, daß hinter diesem Einwand auch die alte Kontrastvorstellung „ernsthafte Arbeit contra Spiel“ steht, die mit allem bisher Gesagten widerlegt ist, gilt natürlich als ernsthafter Einwand, daß der Lehrer den Einsatz von Spielen zeitlich vom unterrichtlichen Ertrag her verantworten muß.

Der Einsatz von Spielen läßt sich jedoch verantworten, wenn es dem Lehrer gelingt, die entsprechende Auswahl (vom Inhalt und den Zielbereichen her) so zu treffen oder die Spiele bei Bedarf so abzuwandeln, daß sie in die Lernsituation und das soziale Gefüge der Klasse sinnvoll *eingepaßt* werden können. In diesen Fällen ist ein Gewinn vorstellbar, der den Zeitaufwand rechtfertigt. Das Spiel steht dann möglicherweise am didaktischen Ort einer Übung in der Übungs- oder Anwendungsphase einer Unterrichtseinheit. Dies bedeutet, daß das Spiel nicht ein verzichtbarer Zusatz ist, sondern in den Stand der Progression (vom Lehrwerk her) *integriert* werden kann.

Für die *Passung* braucht ein Spiel eine klar erkennbare sprachliche Zielsetzung und soziale Struktur. Ferner muß geklärt werden, inwieweit erforderliche Redemittel, Strukturen und Wendungen der Lernsituation der Gruppe entsprechen oder wo eingefügt oder weggelassen werden muß. Mitentscheidend bei der Spielauswahl ist auch das momentane Lernbedürfnis der Klasse/Gruppe.

Bei der Spielstruktur ist zu fragen, wieviel an Aktivität die Gruppe im Moment braucht, ob Wettbewerb oder nicht, ob eher Kleingruppen- oder Partneraktivitäten, ob viel Tempo oder eher Ruhe, und wieviel Zeit überhaupt eingesetzt werden kann.

Bei der Integration in den Lernprozeß wird das Spiel selten in der Einführungsphase stehen (ausgenommen Einstiegsspiele), häufig jedoch in den Phasen der Übung, des Transfers, wo es unverändert oder mit entsprechenden Abänderungen sinnvoll eingesetzt werden kann.

Anmerkungen

[1] Zur Struktur des (kindlichen) Spiels u.a. vgl. A. Flitner (Hrsg.): *Das Kinderspiel.* München [2]1974; H. Heckhausen: „Entwurf einer Psychologie des Spielens". In: Flitner, a.a.O., S. 133–149; H. Scheuerl: *Das Spiel.* Untersuchungen über sein Wesen, seine pädagogischen Möglichkeiten und Grenzen. Weinheim [9]1973; Ders.: „Zur Begriffsbestimmung von ‚Spiel' und ‚spielen'". In: *Zeitschrift für Pädagogik,* Heft 3/1975, S. 341–349; S. Schmidtchen/A. Erb: *Analyse des Kinderspiels.* Ein Überblick über neuere psychologische Untersuchungen. Köln 1976.

[2] Da ich in diesem Rahmen nicht auf die Forschungsgrundlagen und die inzwischen vielfach vorliegenden Materialien zur Übertragung von Forschungsergebnissen auf den Fremdsprachenerwerb eingehen werde, nachstehend einige Literaturhinweise: R. S. Baur/P. Grzybek: „Neuropsychologische Grundlagen des Fremdsprachenerwerbs". In: *Kongreßdokumentation der 10. Arbeitstagung der Fremdsprachendidaktiker.* Tübingen 1985, S. 173–182; G. List: „Neuropsychologie und das Lernen und Lehren fremder Sprachen". In: *Die Neueren Sprachen,* Heft 2/1982, S. 149–172; H. W. Seliger: "On the Possible Role of the Right Hemisphere in Second Language Acquisition". In: *TESOL Quarterly,* Vol. 16 (1982), S. 307–314.

[3] Vgl. Baur/Grzybek, a.a.O., S. 174: „Wenn man die neueren Befunde der rh Kapazität nicht nur aus dem (neuropsychologischen) Blickwinkel der sprachlichen Repräsentation betrachtet, sondern unter funktionalem Aspekt im Hinblick auf kommunikative Prozesse, ergibt sich eine grundlegende Neubewertung der Rolle der RH. Abgesehen von ihren verbalen Fähigkeiten, die eine eigenständige Komponente innerhalb des mentalen Systems verkörpern, zeigt sich nämlich, daß sie vor allen Dingen auch den Sinn kontrolliert. Das bedeutet, daß es nur unter ihrer Beteiligung möglich ist, die Einheit von verbalem und nichtverbalem Wissen und eine darauf aufbauende Sprachhandlung in ihrem Sinngehalt zu durchschauen bzw. Sprache situationsangemessen produktiv zu verwenden. (. . .)
Diese Kontrollfunktion in kommunikativen Prozessen scheint in engem Zusammenhang damit zu stehen, daß auch die ‚konkrete Sinn-Information über die Außenwelt, wie sie in erklärenden Wörterbüchern der natürlichen Sprachen (. . .) enthalten ist (. . .), von der rechten Hemisphäre gespeichert und verarbeitet' wird (Ivanov 1978 : 42). Die LH hingegen verfügt über die Fähigkeit, dieses gespeicherte Wissen verbal-sequentiell anzuordnen, also über die spezifisch grammatisch-syntaktischen Fähigkeiten. Damit ergänzen sich die Fähigkeiten der rechten und linken Gehirnhälfte: Die RH vermag die Sinnhaftigkeit einzelner Bedeutungen und größerer Bedeutungskomplexe auf der Folie ihres Weltwissens zu erkennen und zu steuern; die LH verfügt über die Fähigkeit zur Analyse und Synthese von Sprache."

[4] Vom humanistischen, interaktiven, natürlichen, *"total physical response".* Einen Überblick vermitteln: W. Bleyhl: „Variationen über das Thema: Fremdsprachenmethoden". In: *Praxis des neusprachlichen Unterrichts,* Heft 1/1982, S. 3–14; I. C. Schwerdtfeger: „Alternative Methoden der Fremdsprachenvermittlung für Erwachsene". In: *Neusprachliche Mitteilungen aus Wissenschaft und Praxis,* Heft 1/1983, S. 3–14.

[5] Vgl. Verbalprotokolle zu Rollenspielen in Klasse 7 und 8 der Realschule in R. Löffler: *Spiele im Englischunterricht 1.* München 1979, S. 100–146.

[6] Z.B. H. P. Sibler u.a.: *Spiele ohne Sieger.* Ravensburg 1976; oder alle Rollenspiele, Simulationen, Kooperationsspiele.

[7] Vgl. K. Hellwig: „... so muß dennoch solchen Sprachlernspielen der Vorzug gegeben werden, die soziales, partnerschaftliches und kooperatives Verhalten schulen, um den unsere Gesellschaft ohnehin beherrschenden Konkurrenzgeist nicht zusätzlich zu verstärken ...". „Sprachlernspiele im Englischunterricht der Grundschule". In: *Englisch,* Heft 4/1974, S. 142–147. Dagegen H. Roth: „Wir können in der Schule nicht auf die motivierenden Kräfte des Wettbewerbs (zwischen einzelnen und zwischen Gruppen) verzichten, aber sie müssen gleichzeitig gezügelt werden durch die Erfahrung der Notwendigkeit zur Zusammenarbeit. Die richtige Abgewogenheit zwischen der Einstellung auf Wettbewerb und der Einstellung auf Zusammenarbeit hat sich als das anregendste Lernklima erwiesen." In: *Pädagogische Psychologie des Lehrens und Lernens.* Hannover [9]1966, S. 239.

[8] Aus der nicht veröffentlichten Hausarbeit zur Zweiten Prüfung für das Lehramt an Realschulen von Gabriele Scheer, 1979, S. 23: „Wenn möglich, sollte man es jedoch überhaupt vermeiden, Punkte abzuziehen, sondern nur Punkte gewinnen lassen, denn zum einen kann sich ein Punktabzug sehr deprimierend auf die Schüler auswirken, zum anderen kann die Angst vor etwaigen Punktverlusten auch die Beteiligung hemmen.
Ich möchte hier noch kurz anmerken, daß man bei der Bewertung bei Wettspielen durchaus nicht immer nur mit Punkten hantieren muß. Man kann z.B. dadurch variieren, daß man Symbole nimmt. Hierfür kurz einige Beispiele: Männchen, die auf einer Leiter Stufe für Stufe nach oben klettern (an die Tafel gemalt), Anhängen von Waggons an eine Lokomotive, Vorrücken eines Fußballs abschnittweise bis zum Tor, Anzeichnen von Enten, Blumen etc. statt Ziffern usw. Dem Erfindungsgeist des Lehrers und auch der Schüler sind hier keine Grenzen gesetzt, um das Spiel noch motivierender zu gestalten."

III. Redemittel für Spielleiter und Spieler

Für den Spielleiter

1. Opening moves

Let's play	a (new) game. *Chinese whispers.*

Shall we play	a new game? *Chinese whispers*?

Would you like	to play a game? to learn a new game? to play *Chinese whispers*?

What about	a game? Which one would you like to play? a new game today?

I'd like to play . . . with you.
I've learnt a new game. Would you like to learn it, too?
Why don't we try a new game today?
Let's try a new game today.

2. Introduction and explanation of game

The game/role-play is about . . .

The aim of the game is	to give you . . . to make you . . .

We're going to	work play	in pairs/in two teams. in groups of 3/4/5.

In this game	two pupils/people two teams/groups	work play	together.

Get together with one other pupil/person.
Find yourself a partner.

Team up with 2/3/4 pupils/people:

Team 1 The first group One member of Team 1	begins starts	to ask questions. to write down a word. to . . .

You (all) have to	write down as many objects as . . . find out where Elke/Jan has hidden the mouse. do exactly what Elke/Jan tells you. tell a story together.

In this game it's important that you	find good questions. think of good comparisons. only ask yes/no-questions.

You can	use your dictionaries/exercise-books.
	talk to the other people in your group/team.
	write down some notes before we begin.
	introduce yourself to the others in the role you've taken.

Read your profiles/role-cards carefully before we begin.
Have a good look at the information sheet/picture before . . .
Pay special attention to . . .
Try to talk English in your group/team.
All we need is . . .

This is the material we'll use. Each	of you	gets . . .
	group	has . . .
	team	takes . . .

3. *In the game*

a) *Beginning*

Let's do a trial run first. We won't count the points.
What about one round without counting the points?
Is everybody ready? Let's start then.
Have you each got one/two question(s) ready?
You're first./Team 1 starts.
Who's next?
Whose turn is it now?
Team 1 started in the first round. So it's your turn now, Team 2.
You turn to the pupil/person on your right and ask him/her to . . .

b) *Discussing/Changing rules*

The rule is that	we do it in turns.
	you ask one question each.

That's not much; we could ask two questions each.

What about changing	in the next round and . . .?
	seats for . . .?

Let's change the number of questions.

Shall we change	the length of time?
	the teams/groups?

I think it's	more interesting	if we . . . this time.
	easier	to . . . now.

We could change the rules and make the game	easier.
	more difficult.

Don't forget	to . . .
	the . . .

Ask for as much detail as possible.

Think of the	parts of the body.
	colours of . . .

Right, you've got another chance.

4. Help, advice, encouragement

You could try	this way/again.
	another word.

Don't hurry./Take your time.

You'll have to speak up. The others can't hear you.

Don't forget:	the rules are . . .
Remember:	the rule is . . .
	he said . . .

Hm,	nearly.
	let me see.

You've	almost finished.
	nearly got it.

Don't be sad	– it was quite good.
	– you'll do better next time.

That was	very good/quick/interesting.
	a good debate/role-play/decision/solution.

5. Finishing

Have you (all) finished?
How far did you get?
Let's read the stories/dialogues/solutions/list of words.

We've	had four solutions.	That's enough.
	had three rounds.	
	seen two scenes.	

Well, just one more round/question/task (then).
We (really) must stop here.

Let's	have a look at	the forfeits now.
	count	the points.

What's the score?

6. Feedback

How did you like the game/role-play/task?
You didn't like the solution (to the problem), did you?
Why (not)?

Can you tell me why . . .?

Was the	game	too	easy?
	task		difficult?

What would you like to change?

Which part would you	like to take	next time?
	choose	

Which part would you have preferred?
Did you like the father's (mother's, policeman's) part?
Was anything missing?
How could we change the profile?

Did you	agree with . . .?
	feel angry about . . .?

Für die Spieler

1. Expressing/Asking for/Giving reasons for opinions

I feel/think that . . .
I don't think (it's) . . .
I've a feeling that . . . because . . .
As far as I'm concerned this is why . . .

. . . and	that's why I . . .
	so I think that . . .

Do you think	that . . .?
Are you sure	

What do you think about . . .?
Why do you believe that . . .?
What's your reason for . . .?

2. Expressing/Asking about intentions

I intend/want to . . .
I'm going to . . . now.
I'd like to . . .
What are you going to do then?
What will you do if . . .?

3. Expressing/Asking for suggestions

What about . . .?
Why don't we . . .?
Let's . . .

I suggest we all start at . . .
We could . . . and then . . .
I propose doing . . . before we . . .
How about moving like . . .?
I feel we should . . .

What do you	suggest . . .?
	want to . . .?

Would you like to . . . first?
What would you like to . . .?

4. Expressing/Asking for likes and dislikes

I like/love . . .
. . . ing is fun/great/fantastic/my favourite.
What I like best is . . .
I'm (particularly) keen on . . .
I prefer . . . to . . .
I'd much rather . . . than . . .
I'm not at all keen on . . .
I just hate . . .
What I don't like is . . .
What do you like?
Don't you like . . .?
What do you like better: . . . or . . .?
Would you rather . . . or . . .?

5. Expressing certainty/uncertainty

I'm	quite certain	that . . .
	absolutely sure	

That's definitely . . .
Maybe/Perhaps there's a . . .
It's possible that . . .
I don't think it will . . .
. . . isn't very likely.

If	you	. . . ,	they	might (perhaps) . . .
	Peter		Claudia	may . . .

6. "Moves" in debate/conversation

a) *Agreeing/Disagreeing*

Yes, that's right.
Good idea. I agree.

All right then.
That's (just) what I feel.
I think Karen/Michael is right.
What you said is the most important . . ., I think.
(That's it,) Exactly.
OK. (I don't mind trying.)
No, not at all.
No, I don't think so/agree.
You can't say that.
That's no proof.
That's not the point/question/problem.
Can't you think of anything better?

b) *Interrupting*

Just a minute/moment.

Can I | interrupt you there, before you . . .?
| butt in here?

Before you go on could I . . .?
Excuse my interrupting you/interfering, but . . .

c) *Insisting/Holding the floor*

What I | really wanted to say | is . . .
| was trying to explain |

I have to insist on . . .
But we really must keep to . . .
I want to raise three points. First . . .
There's yet another point I want to make . . .
That was my first reason, and the second is . . .
Well, let me think . . .
You may be right there, but I'm . . .
OK, but . . .

d) *Complaining*

She keeps . . .
He always . . .
She never . . .
Don't keep . . . all the time.

e) *Giving in*

Maybe you're right.
OK. You're right.
Perhaps I was a bit too . . .
All right then.
Yes, you win the point.

7. Forfeits (Pfänderspiele)

Look out of the window and tell us what you can see.
Take the key and lock the door. Say what you are doing.
Fill the watering-can and water the flowers. Say what you are doing.
Count the steps from the opposite wall to the blackboard.
Count the ribs of the radiator/the pictures on the classroom walls/the number of pupils, etc.
Look at my watch and tell us the time.
Shake hands with Jens/Andrea and ask him/her how he/she is this morning.
Tell us about your family.

Write on the blackboard:
- the numbers from 11 to 20 (in letters).
- the names of the days of the week.
- the names of the months in the first/second half of the year.
- five words and their opposites.
- five adjectives/adverbs/verbs of movement, etc.

Draw a face/house/tree on the blackboard and fill in the names of the parts.
Spell your name forwards and backwards.
Count from 1 to 50 and leave out all the numbers that can be divided by 3.
Count from 1 to 49, odd numbers only.
Count from 2 to 50, even numbers only.
Give the ordinal numbers for ten persons in a queue.
Say the seven times table, etc.

Einstiegsspiel
am Anfang

Ball game

ZIELBEREICHE

SPRACHE	den eigenen Namen sagen, andere Namen sagen
FERTIGKEITEN	Hörverstehen, Sprechen
ALLGEMEIN	Spaß, einander über Bewegung kennenlernen, die Namen einprägen

DURCHFÜHRUNG

SPIELFORM	im Kreis (nicht mehr als 15 Spieler; sonst zwei Kreise)
MATERIAL	ein oder zwei weiche Bälle (Kissen oder geknotete Tücher)
ZEIT	5 – 15 Minuten
VERLAUF	Ohne weitere Erklärung vorweg wirft der Spielleiter den Ball einem Spieler zu und nennt dabei seinen Namen: *I'm . . .* Er bedeutet durch Gesten, daß der Spieler dasselbe tun soll usw. Das Spiel kann ruhig etwas länger laufen, auch wenn alle Spieler schon einmal an der Reihe waren, damit sich die Namen einprägen. Das Tempo kann gesteigert werden. Hat der Spielleiter einmal wieder den Ball, hält er ihn kurz an und wirft ihn dann einem Spieler zu, indem er *dessen* Namen nennt: *He's/She's...* Nun läuft das Spiel in dieser Weise, bis die Spieler mit ihren Namen vertraut sind.

VARIANTEN

Statt ein wirkliches „Wurfgerät" zu verwenden, kann man so tun als ob man wirft: Dadurch kommt mehr Bewegung und Augenkontakt in das Spiel.
Es können auch weitere Informationen zur Person an den Namen angehängt werden, z. B.
Variante des 1. Teils: *I'm Peter. I'm eleven. I'm from . . .*
Variante des 2. Teils: *He's Peter. He's eleven. He's from . . .*

Calling names

ZIELBEREICHE	SPRACHE	englische Namen in der Klasse sagen
	FERTIGKEITEN	Hörverstehen, Sprechen (Aussprache)
	ALLGEMEIN	Spaß, Vertrautsein, Ermutigung zum lauten Sprechen
DURCHFÜHRUNG	SPIELFORM	im Kreis (auch stehend)
	MATERIAL	–
	ZEIT	3 – 5 Minuten
	VERLAUF	Alle Spieler stehen im Kreis. Sie haben vorher englische Namen zugeteilt bekommen. Auf ein Signal des Spielleiters bewegen sie sich (mit geschlossenen Augen) langsam auf die Kreismitte zu, dabei erst leise, dann immer lauter ihren eigenen/den Namen eines Mitschülers sagend/rufend; anschließend langsam leiser werdend wieder zurück an den Ausgangspunkt.

HINWEISE

Bei diesem kurzen Einstiegsspiel sollen Sprechhemmungen durch das gleichzeitige Sprechen abgebaut werden (vgl. Chorsprechen), ohne jedoch zu uniformieren, denn jeder hat seine eigene Wahl getroffen. Die Koppelung mit Bewegung lenkt vom Sprechen ab, geschlossene Augen schalten die Blickkontrolle aus (Vorsicht am Anfang – es kann Angst entstehen!) und verstärken die auditive Wahrnehmung. Dies kann unterstützt werden z. B. durch die Aufforderung *Can you hear your own name?*

VARIANTEN

Auch bei diesem Spiel sind Steigerungsmöglichkeiten denkbar: Im ersten Durchgang sagen die Spieler ihren *eigenen* Namen (den deutschen, besser: den bereits etablierten oder neu zugeteilten englischen Namen). In einem weiteren Durchgang nennen sie den Namen eines Mitspielers, später vielleicht zwei oder mehrere andere Namen *(somebody else's name).* Alle Durchgänge sollten geprägt sein von Sprechen *und* Hören.

Einstiegsspiel
ab 1. Lernjahr

Changing places

ZIELBEREICHE	SPRACHE	sich vorstellen: *I'm . . .; My name is . . .*
	FERTIGKEITEN	Hörverstehen, gelenktes Sprechen
	ALLGEMEIN	einander kennenlernen, Kontakt aufnehmen (nonverbal, motorisch)
DURCHFÜHRUNG	SPIELFORM	im Kreis stehend
	MATERIAL	–
	ZEIT	ab 5 Minuten
	VERLAUF	Alle Spieler stehen im Kreis. Der Spielleiter (oder ein Spieler) nimmt mit einem Spieler aus dem Kreis Blickkontakt auf, worauf beide bis zur Kreismitte aufeinander zugehen, sich gegenseitig ihre Namen nennen und ihre Plätze tauschen. Der dann aufgeforderte Spieler macht weiter und nimmt mit einem anderen Spieler Blickkontakt auf.

VARIANTEN

Die Begegnung in der Kreismitte kann unterschiedlich gestaltet werden, d. h., sie läßt sich von der Namensnennung über eine Form der Berührung (z. B. Hand) bis hin zu einer weitergehenden Form der „Vorstellung" (z. B. *I'm... and I like...*) erweitern und ritualisieren. Bei älteren Schülern könnte sie auch ganz individuell als kurzer Begegnungsdialog gespielt werden.

Empty chair

ZIELBEREICHE	SPRACHE	Namen sagen und Aufforderungen gebrauchen: *Peter, come and sit here.*
	FERTIGKEITEN	Hörverstehen, reproduzierendes Sprechen
	ALLGEMEIN	einander kennenlernen, sich bewegen und Kontakt aufnehmen
DURCHFÜHRUNG	SPIELFORM	alle, im Kreis (mit einem zusätzlichen Stuhl), evtl. zwei Kreise bilden
	MATERIAL	–
	ZEIT	5 – 10 Minuten (je nach Anzahl der Spieler)
	VERLAUF	Alle Spieler sitzen im Kreis. Sind die Namen noch nicht allen bekannt, ist es wichtig, vorher eine „Namenrunde“ zu machen oder die Namen durch ein anderes Spiel zu „üben“. Der Spielleiter sagt, auf den freien Stuhl rechts neben sich weisend: *Here's an empty chair. Peter, come and sit here.* Peters linker Nachbar hat nun einen freien Stuhl rechts neben sich und macht weiter: *Here's an empty chair. Karen, come and sit here* usw.

HINWEISE

Das Spiel lebt vom Tempo. Deshalb müssen die Namen geläufig sein, sonst gibt es langweilige Überlegungspausen. Durch das motorische Element kommt die Gruppe in Bewegung. Die Struktur *Here's an empty chair . . .* kann länger oder kürzer sein – je nach Lernniveau. So geht auch *Peter, come and sit next to me* oder *I want Peter to sit next to me* usw. Wichtig ist, daß möglichst alle Spieler an die Reihe kommen; deshalb sind bei großen Gruppen zwei Kreise sinnvoll.

Meeting people

ZIELBEREICHE	SPRACHE	einander begrüßen: *Hallo; Hi; Good morning/afternoon/...*
	FERTIGKEITEN	Hörverstehen
	ALLGEMEIN	sich bewegen und einander begegnen (visuell, nonverbal)
DURCHFÜHRUNG	SPIELFORM	frei im Raum
	MATERIAL	–
	ZEIT	ab 5 Minuten
	VERLAUF	Dieses Einstiegsspiel kann verbunden werden mit einem vorangehenden „Erkunden“ eines neuen Raumes. Alle Spieler bewegen sich eine bestimmte Zeit frei im Raum und bleiben dann an einer Stelle stehen (kann über Musik gelenkt werden). Anschließend gehen alle aus dem Stillstand wieder in Bewegung über und befinden sich nun auf einem „Marktplatz“, wo sie Leuten begegnen. Die jeweiligen Begegnungen verlaufen verschieden (eigene Entscheidung!): anschauen, vorbeigehen, Handzeichen geben, ein Begrüßungswort sagen usw. Nach einer bestimmten Zeit Rückkehr an den Ausgangsplatz.

HINWEISE

Das Einbeziehen von Musik ist eine gute Möglichkeit, Zeitstrukturen zu setzen. Die Entscheidung, ob Worte gewechselt werden können/sollen oder nicht, verändert dieses Spiel deutlich: Durch Worte lenken wir die Begegnungen in gewohnte und vertraute Bahnen, nonverbal sind wir angewiesen auf unsere Sinneswahrnehmungen – eine ungewohnte Situation. Dadurch ist es möglich, das Spiel zu steigern im Blick auf die Sensibilisierung der Wahrnehmung (Selbst- und Fremdwahrnehmung).

Einstiegsspiel
ab 1. Lernjahr

Calling numbers

ZIELBEREICHE	SPRACHE	Zahlen sagen (1 – ?); ausweitbar auf andere Bereiche (siehe unten)
	FERTIGKEITEN	Hörverstehen, Sprechen (Aussprache)
	ALLGEMEIN	Spaß, Ermutigung zum Sprechen
DURCHFÜHRUNG	SPIELFORM	im Kreis (auch stehend möglich)
	MATERIAL	evtl. Kärtchen mit Zahlen
	ZEIT	von 3 Minuten an
	VERLAUF	Die Gruppe sitzt oder steht im Kreis. Der Spielleiter fordert alle Spieler auf, sich eine Zahl vorzustellen und auf ein Signal hin diese Zahl erst leise, dann immer lauter zu sagen, wobei sie sich in Richtung Kreismitte bewegen; danach langsam zurück, wieder leiser werdend. Dies kann mit einer neuen (höheren) Zahl wiederholt werden.

HINWEISE

Durch die Koppelung von Sprechen mit gemeinsamer Bewegung können Sprechhemmungen abgebaut werden. Anschwellen der Lautstärke und wieder zurückgehen rhythmisiert die Aktivität. Mit dem Sprechen lassen sich verschiedene Bewegungsmöglichkeiten verbinden (auf Zehenspitzen gehen, mit erhobenen Armen oder geschlossenen Augen hüpfen). Die (bewußte) Konzentration liegt auf dem Bewegungsteil, das Sprechen wird von bewußter Steuerung befreit. Im gemeinsamen Sprechen sich selber noch zu hören, führt dann wieder zur Konzentration auf das Sprechen hin.

VARIANTEN

Neben Zahlen können auch andere Inhalte gewählt werden: Länder, Tiernamen, Begriffe aus den Ferien (z. B. *holiday, sea, beach, hotel, youth hostel, sun, rain*) und der Schule (z. B. *lesson, homework, calculator, pencil, bag*) usw.

Interview

ZIELBEREICHE

SPRACHE: fragen, nachfragen, sich erkundigen;
Vokabular: Angaben zur Person, Hobbys, Interessen

FERTIGKEITEN: Hörverstehen, gelenktes und freies Sprechen

ALLGEMEIN: einander kennenlernen, sich über Beruf, Hobby usw. austauschen

DURCHFÜHRUNG

SPIELFORM: Partnerdialog – im Kreis

MATERIAL: evtl. Kärtchen mit Fragen oder Kärtchen mit Symbolen zum Anheften

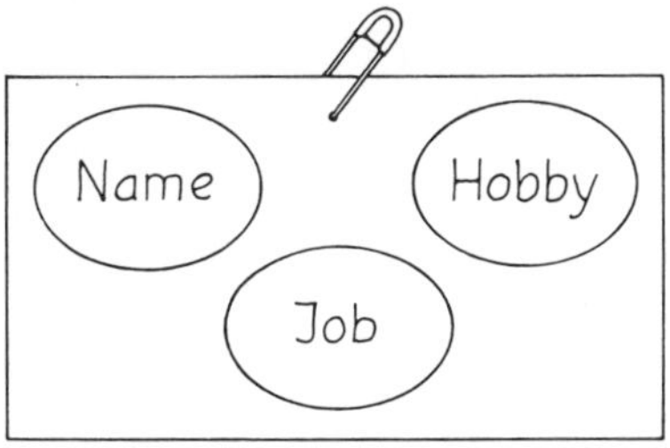

ZEIT: von 20 Minuten bis 50 Minuten

VERLAUF: Als Einstiegsspiel bietet *Interview* bei einer neu zusammentretenden Gruppe die Möglichkeit für jeden, sich mit einem gewählten/zugeteilten Partner zu unterhalten und diesen nachher dem Plenum vorzustellen. Jeder Spieler sucht sich einen Gesprächspartner, mit dem er sich für eine vorgegebene Zeit (10 Minuten) unterhält: nach freier Entscheidung, gelenkt vom Interesse am anderen. Aus dem, was er über den anderen erfahren hat, wählt er nachher aus, wenn er ihn im Plenum der ganzen Gruppe vorstellt.

HINWEISE

Je nach gewählter Gesprächszeit steht für die Vorstellung viel „Material“ zur Verfügung: Das ergibt viel Redezeit für den einzelnen. Ist die Gruppe sehr groß, kann dies ermüdend werden. Steuerungsmöglichkeiten sind entweder Kärtchen mit einer bestimmten Anzahl vorgegebener Fragen (bei Anfängern günstig) oder Symbolkärtchen, bei denen jeder entscheiden kann, worüber er gern Auskunft geben möchte, die also eine individuelle Steuerung des Gesprächs ermöglichen. Dieses Einstiegsspiel ist durchweg von der Grundschule bis zum Ende der Sekundarstufe I geeignet.

Miming

ZIELBEREICHE	SPRACHE	über Hobbys und Aktivitäten sprechen: *He/She likes . . . ing.*
	FERTIGKEITEN	Sprechen
	ALLGEMEIN	eine Aktivität nonverbal darstellen, erraten und benennen
DURCHFÜHRUNG	SPIELFORM	Partnerübung – im Kreis
	MATERIAL	–
	ZEIT	10 – 20 Minuten
	VERLAUF	Die Spieler kennen sich namentlich oder tragen Namenskärtchen. Immer zwei Spieler tun sich zusammen: Partnerwahl oder Zufallsgruppierung (vgl. Möglichkeiten der Gruppenbildung in der Einführung). Im Wechsel stellt sich ein Partner dem anderen vor, indem er ein Hobby oder eine ihm wichtige Tätigkeit pantomimisch darstellt. Der andere versucht, sie zu erraten und zu benennen, so daß am Ende jeder Pantomime ein kurzer Dialog steht: *Do you like reading? – Yes, I do./No, I don't* oder *Is reading you hobby? – Yes, it is./No, it isn't.* Bei negativer Antwort folgt eine genauere Wiederholung. Anschließend stellt jeder im Kreis seinen Partner mit dessen Hobby vor.
VARIANTEN		Statt seines Hobbys kann jeder Spieler pantomimisch vermitteln, welchen Beruf er wählen will, welches sein Lieblingsfach ist usw. Die Fragestellung muß vorher abgesprochen werden. Koppelungen von zwei und drei Fragen sind denkbar.

Einstiegsspiel
ab 2. Lernjahr

Contacts

ZIELBEREICHE	SPRACHE	Vokabular: Kleidung, Körperteile
	FERTIGKEITEN	Hörverstehen, Reagieren, Sprechen
	ALLGEMEIN	einander kennenlernen, Kontakt aufnehmen (nonverbal)
DURCHFÜHRUNG	SPIELFORM	alle, frei im Raum
	MATERIAL	–
	ZEIT	ab 5 Minuten
	VERLAUF	Die Spieler bewegen sich frei im Raum, wobei eine Phase des Vertrautwerdens mit dem Raum vorgeschaltet werden kann. Dann bewegen sie sich aufeinander zu und nehmen Kontakt auf. Ruft der Spielleiter z. B. *Left hand!*, erfaßt oder berührt jeder Spieler die linke Hand eines anderen Spielers usw.

VARIANTEN

Die Vorschläge sollten zunächst vom Spielleiter kommen. Er kann steigern von relativ „neutralen" Kontakten wie *arm, shoulder, shoe, back* bis zu persönlicheren Kontakten wie *nose, hair, ear* usw. Sind die Spieler schon vertrauter miteinander, können die Vorschläge auch im Wechsel von ihnen selber kommen. Die Aufforderung ist dann: *Touch dark brown hair! Touch a ring! Touch the little finger of a left hand!* usw.

Einstiegsspiel
ab 2. Lernjahr

Things we have in common

ZIELBEREICHE	SPRACHE	Vorliebe oder Abneigung ausdrücken; Aussagen über Gemeinsamkeiten machen: *we both, in common; I like . . ., too.*
	FERTIGKEITEN	Hörverstehen, freies Sprechen, evtl. Schreiben
	ALLGEMEIN	Spaß, Phantasie, miteinander vertrauter werden
DURCHFÜHRUNG	SPIELFORM	Zweiergruppen – zwei bis drei Gruppen von je 10 Spielern
	MATERIAL	Papier, Schreibzeug
	ZEIT	15 - 20 Minuten
	VERLAUF	Aus den zwei bis drei Zehnergruppen finden sich immer zwei Spieler zusammen. Sie sollen in einer gegebenen Zeit drei (fünf) Dinge entdecken, die sie gemeinsam haben, und drei (fünf) Dinge, worin sie sich unterscheiden. Dann notieren sie ihre Ergebnisse. Anschließend berichtet jedes Zweierpaar in der Zehnergruppe. Läuft das Spiel als Sprechspiel bei nicht allzu Fortgeschrittenen, so sind Redemittel des Vergleichens vorweg eine gute Hilfe: *We're both . . .* *She likes . . . and so do I.* *He likes . . ., but I . . .* *I prefer . . ., but she prefers . . .* *We've . . . in common.*
HINWEISE		Bei Fortgeschrittenen ist dies eine gute Anwärm-Aktivität, die weitere Gespräche und Kontakte einleiten kann.

Give me . . ., please

ZIELBEREICHE	SPRACHE	Strukturen des Bittens, Wünschens, Überredens und Begründens
	FERTIGKEITEN	Hörverstehen, reproduzierendes und freies Sprechen
	ALLGEMEIN	Bitten verbal und nonverbal ausdrücken, auf Bitten reagieren
DURCHFÜHRUNG	SPIELFORM	alle, im Kreis
	MATERIAL	ein Gegenstand, z. B. Kreide, Ball, Stein
	ZEIT	15 - 20 Minuten
	VERLAUF	Alle sitzen im Kreis. Ein Spieler hält den Gegenstand (von dem vereinbart worden ist, daß er etwas sehr Wünschenswertes darstellt) in der Hand, und die anderen bitten ihn reihum - nonverbal *und* verbal - um diesen Gegenstand: *Can/Could I have..., please? Give me . . ., please; I like reading. Can you lend me the book?* usw. Sind alle zu Wort gekommen, gibt der Besitzer ihn demjenigen, der seiner Meinung nach am deutlichsten (besten, stärksten) darum gebeten hat. Er begründet seine Entscheidung. Nun gibt es einen neuen Besitzer, an den die Mitspieler ihre Bitten stellen.

HINWEISE

Dieses Spiel richtet sich an die Wahrnehmungsfähigkeit. Der formalisierte Ablauf und die durch den relativ bedeutungslosen Gegenstand offenkundige „Spielsituation" erleichtern es, Bitten zu formulieren und dabei verschiedene Strategien zu erproben. Die verbale Differenzierung hängt natürlich von der Lernstufe ab. Das Spiel kann vom 2. Lernjahr an mit den jeweils verfügbaren Strukturen des Bittens, Wünschens, Überredens weitergeführt werden. Ein Lernprozeß in der Wahrnehmung ist dabei sinnvoll, ebenso wie eine kurze Reflexionsphase zur „Vergabe":

- Wie entscheide ich als Besitzer? Sofort oder später?
- Wie geht es mir, wenn ich von so vielen gebeten werde?
- War es schwer zu bitten?

Sprechspiel
1. Lernjahr

There is a mouse . . .

ZIELBEREICHE	SPRACHE	Strukturen: *Is it in/on/. . .?*; Präpositionen: *in, on, under, behind*; Wortfeld: Klassenzimmer
	FERTIGKEITEN	Hörverstehen, reproduzierendes Sprechen
	ALLGEMEIN	genaue Ortsangaben
DURCHFÜHRUNG	SPIELFORM	alle; Einzelspieler – Gesamtgruppe
	MATERIAL	Stofftier (Maus, Vogel, Krokodil usw.)
	ZEIT	5 – 10 Minuten; beliebig
	VERLAUF	Ein Schüler verläßt den Raum. Die anderen verstekken zusammen mit dem Spielleiter die Maus im Raum, zunächst so, daß sie *in* einem Behälter/Bereich ist. Der Schüler kommt zurück und beginnt einzelne Mitspieler zu fragen: *Is the mouse (it) in the cupboard? – No, it isn't. – Is it . . .?* Der Schüler, der schließlich mit *Yes* antwortet, verläßt als nächster den Raum. Weiter dann mit *on, under, behind.*

VARIANTEN

Das Spiel kann im 1. Lernjahr nur mit wenigen Präpositionen gespielt werden *(in, on)*. Je mehr Präpositionen zur Verfügung stehen, desto reichhaltiger werden die Versteck- und damit auch die Übungsmöglichkeiten. Mit Gegenständen *(ruler, book, pen)* kann das Spiel auch auf einer höheren Lernstufe in schnellem Tempo als Einstiegsspiel eingesetzt werden.

How are you, little mouse?

ZIELBEREICHE	SPRACHE	Fragen und Antworten zum Wohlbefinden
	FERTIGKEITEN	Hörverstehen, Sprechen
	ALLGEMEIN	rasches Reagieren, Bewegung
DURCHFÜHRUNG	SPIELFORM	alle, im Kreis
	MATERIAL	–
	ZEIT	5 Minuten

VERLAUF

Im Kreis sitzen der Spielleiter und alle Spieler bis auf einen. Dieser geht im Kreis auf einen Mitspieler zu und fragt ihn: *How are you (today/this morning), little mouse?*

Der Gefragte hat drei Antwortmöglichkeiten:

a) Sagt er *(I'm) Very well, thank you* (oder entsprechend), so geschieht nichts. Der Frager wendet sich an einen weiteren Mitspieler.

b) Sagt er *(I'm) All right (, thanks)* (oder ähnlich), so wechseln seine beiden Nachbarn die Plätze.

c) Sagt er *Not very well (, I'm afraid)* (oder ähnlich), so wechseln alle außer der Maus die Plätze.

Bei jedem Wechsel versucht der Frager, einen Platz zu ergattern. Neuer Frager ist, wer keinen Platz mehr gefunden hat.

HINWEISE

Im 1. Lernjahr ist dies ein Bewegungsspiel, mit dem Fragen nach dem Befinden und deren Beantwortung (mit Varianten) geübt werden können (evtl. verfügbare Wendungen vorher sammeln oder vorgeben). Auf späteren Lernstufen läßt es sich als Einstiegsspiel mit kurzer Zeitdauer einsetzen.

From word to word

ZIELBEREICHE	SPRACHE	Umwälzen des bekannten Vokabulars (Wortfelder)
	FERTIGKEITEN	Hörverstehen, Sprechen
	ALLGEMEIN	Konzentration, rasches Reagieren
DURCHFÜHRUNG	SPIELFORM	Kettenspiel in der sonst üblichen Sitzweise
	MATERIAL	–
	ZEIT	5 - 15 Minuten
	VERLAUF	Der Lehrer schreibt ein Wort an die Tafel, z. B. *paper*. Mit dem letzten Buchstaben muß ein neues Wort gefunden werden (auch möglich: *noun, adjective*). Wird das Spiel im Stehen gespielt, darf sich der Schüler setzen, der bereits ein Wort gefunden hat.

VARIANTEN

Das gefundene Wort wird aufgeschrieben. Steigerung: Jeder muß rasch zum Anfangswort zurückfinden, z. B. *paper – rabbit – trip*. Wer zurückgefunden hat, setzt sich. Es wird immer wieder ein neues Wort vorgegeben, bis nur noch zwei Spieler übrig sind.

In my schoolbag

ZIELBEREICHE	SPRACHE	Struktur: *In my schoolbag I've got . . .*; Wortfelder: Gegenstände im Klassenraum, in der Schultasche usw.
	FERTIGKEITEN	Hörverstehen, reproduzierendes Sprechen
	ALLGEMEIN	Aufmerksamkeitsschulung, Gedächtnistraining
DURCHFÜHRUNG	SPIELFORM	Gruppen von höchstens 10 Spielern; vor der Klasse, besser gleichzeitig
	MATERIAL	–
	ZEIT	ab 10 Minuten
	VERLAUF	Ein Spieler der im Kreis sitzenden Gruppe (oder der Spielleiter) beginnt: *In my schoolbag I've got an English book.* Der rechts von ihm sitzende wiederholt und ergänzt: *. . . and a ruler* usw., bis der letzte Spieler im Kreis alle Gegenstände aufgezählt hat. Nun beginnt *er: In my schoolbag I've got . . .*

VARIANTEN

Das Wortfeld wird durch den Satzbeginn festgelegt: *schoolbag.* Er kann ebenso gut lauten: *cupboard, pocket, our classroom (we've got . . .), on the table (there is/are . . .), in the zoo (there is/are . . .), in the forest (I saw . . .), in my holidays (I met . . .)* usw.
Mit solchen Veränderungen kann das Lernniveau des Spiels auch für höhere Lernstufen angehoben werden. Tempo steigert die Spannung und erhöht die Sprechschwierigkeit.

I can see something

ZIELBEREICHE	SPRACHE	Strukturen: *I can see something. It's made of.../It's in/on...*; Wortfeld: Klassenzimmer
	FERTIGKEITEN	Hörverstehen, reproduzierendes Sprechen
	ALLGEMEIN	Phantasie, Spannung
DURCHFÜHRUNG	SPIELFORM	alle; Einzelspieler und Gesamtgruppe oder Zweiergruppen
	MATERIAL	–
	ZEIT	5 – 20 Minuten
	VERLAUF	Ein Spieler (evtl. der Spielleiter) beginnt: *I can see something. It's blue.* Jeder Schüler kann nun fragen *Is it...?,* worauf die Antwort *No, it isn't* oder *Yes, it is* (+ Variationen mit der Zeit) sein kann. Wichtig ist eine Vereinbarung über den Ort der Gegenstände (z. B. nur *im* Klassenzimmer oder sichtbar). Wer den Gegenstand rät, macht weiter.

VARIANTEN

Das Spiel, das im Englischen gewöhnlich *I spy with my little eye* heißt, läßt sich dem Lernniveau auch älterer Schüler anpassen durch Übergang von der Farbe zu Material, Gebrauch oder Herkunft. Dabei können auch komplexere Strukturen aktiviert werden:
I can see something. It's made of wood. (made of)
I can see something. It's used for... (gerund)
I can see something. It comes from... (place names)
I can see something. It was made by... (passive)
I spy with my little eye something beginning with... (spelling)

Sprechspiel
ab 1. Lernjahr

Spelling bee

ZIELBEREICHE

SPRACHE: *the English alphabet,* Rechtschreibung *(spelling);* Vokabular entsprechend dem vorhandenen Wortschatz

FERTIGKEITEN: Hörverstehen, Sprechen

ALLGEMEIN: Konzentration, rasche Reaktion, Spannung, Spaß

DURCHFÜHRUNG

SPIELFORM: zwei oder drei Teams, übliche Sitzweise mit Blick zur Wandtafel

MATERIAL: Wandtafel, Kreide

ZEIT: 10 – 15 Minuten

VERLAUF: Als Wettspiel für zwei bis drei Teams wird dieses Spiel im Sitzen gespielt. Der Lehrer oder ein Schüler als Spielleiter nennt Wörter, die von den Teams abwechselnd buchstabiert werden müssen. An der Wandtafel ist für jedes Team ein Feld eingerichtet, wo für jedes richtig buchstabierte Wort ein Punkt eingetragen wird. Statt der Punkte können auch die 12 Teile einer Biene gezeichnet werden:

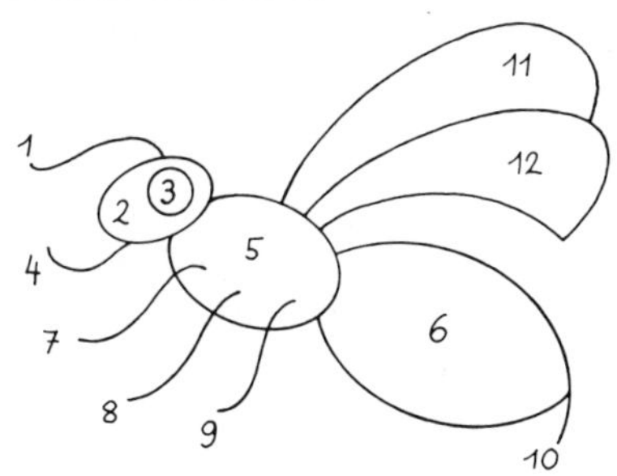

Sieger ist das Team, welches zuerst 12 Punkte erreicht hat, dessen Biene also zuerst vollständig ist.

VARIANTEN

Als Kettenspiel durch die Klasse kann das Buchstabierspiel auch nur wenige Minuten laufen: Der erste Spieler nennt ein Wort und buchstabiert es. Dann ruft er den nächsten Spieler auf, der ein neues Wort, das mit dem Endbuchstaben des vorausgegangenen anfängt, finden und buchstabieren muß (*cat – teacher – ruler* usw.).

Sprechspiel
ab 1. Lernjahr

Another spelling game

ZIELBEREICHE	SPRACHE	Wortschatzwiederholung; buchstabieren
	FERTIGKEITEN	Hörverstehen, Leseverstehen, Sprechen
	ALLGEMEIN	Reaktionsschnelligkeit
DURCHFÜHRUNG	SPIELFORM	alle, im Kreis
	MATERIAL	leere Kärtchen, Bleistifte
	ZEIT	10 – 30 Minuten
	VERLAUF	Der Spielleiter kann das Spielmaterial vorbereiten, indem er je ein Wort des zu wiederholenden Wortschatzes auf ein Kärtchen schreibt. Effektiver, weil lernintensiver, ist es, die Kärtchen von den Schülern selbst (evtl. in Partnerarbeit) herstellen zu lassen. Wiederholungen, die sich dabei ergeben, sind gute Übungsmöglichkeiten. Dann kommen alle Kärtchen verdeckt in einen Korb (Schachtel, Hut), und die Spieler setzen sich im Kreis darum. Ein Spieler zieht ein Kärtchen und liest das Wort laut vor. Wer es richtig buchstabieren kann, erhält das Kärtchen und zieht das nächste. Die Spieldauer richtet sich nach der Kärtchenzahl oder nach der Zeit (bei vielen Kärtchen sinnvoll).

VARIANTEN

Das Spiel läßt sich einsetzen, sobald die Schüler mit dem Alphabet vertraut sind. Bei jüngeren Spielern ist Zurufen im Kreis günstiger. Sonst entsteht leicht Verwirrung, wer nun wirklich buchstabiert. Kann der aufgerufene Spieler nicht buchstabieren, macht ein anderer im Kreis weiter und buchstabiert.

Stärker wettbewerbsorientiert entwickelt sich das Spiel, wenn es in zwei Gruppen (A und B) gespielt wird:

Ein Spieler von A zieht ein Kärtchen aus dem Korb, der zwischen den Gruppen steht, und liest das Wort vor, das von einem Spieler der Gruppe B buchstabiert werden muß. Dabei ist eine Wertung sinnvoll, z. B.

1. Buchstabierversuch richtig = 2 Punkte
2. Buchstabierversuch richtig = 1 Punkt

Bei Nichtgelingen (= 0 Punkte) wird das Kärtchen unter die anderen geschoben.

Chinese whispers

ZIELBEREICHE	SPRACHE	Substantive, Komposita, Wendungen, Aussagesätze, Fragen
	FERTIGKEITEN	Hörverstehen, reproduzierendes Sprechen mit Betonung auf Aussprache und Sprechtempo
	ALLGEMEIN	Lust am Spielen mit der Sprache, Spannung
DURCHFÜHRUNG	SPIELFORM	alle, im Kreis (sitzend oder stehend)
	MATERIAL	–
	ZEIT	5 Minuten = *ein* Durchgang oder mehrere
	VERLAUF	Der Spielleiter flüstert seinem rechten oder linken Nachbarn ein Wort, eine Wendung, eine Frage oder auch einen Nonsens-Satz ins Ohr – je nach sprachlichem Stand der Klasse *und* nach Lust und Laune. Dieser hört und versteht, so gut er kann, und gibt das Gehörte flüsternd weiter. Die Reihe wird fortgesetzt bis zum letzten Spieler, der dann das von ihm Gehörte laut ausspricht. Was auch immer bei der Flüstertour herauskommt – es macht Spaß. Das Spiel lebt vom Tempo. Rückfragen sollten in der Regel nicht erlaubt sein, oder es ist genau zu klären, in welchen Fällen sie gestellt werden dürfen (z. B. Ohr nicht nahe genug oder ähnliches).

VARIANTEN

Alternativen liegen vor allem in der Wahl der Wörter oder Sätze sowie im Tempo. Man kann „Kontrollstellen“ einrichten, an denen „Zwischenbilanz“ gezogen wird – das erhöht den Spaß!

Prepositions

ZIELBEREICHE	SPRACHE	Anweisungen formulieren; Präpositionen
	FERTIGKEITEN	Hörverstehen, Sprechen
	ALLGEMEIN	Reaktion
DURCHFÜHRUNG	SPIELFORM	alle, im Kreis
	MATERIAL	Ball, geknotetes Tuch oder ähnliches
	ZEIT	bis 10 Minuten
	VERLAUF	Der Spielleiter wirft das geknotete Tuch einem Spieler zu mit der Aufforderung *Put/Throw it into the paper-basket.* Der Spieler führt die Aufforderung aus und ruft dann einem weiteren Spieler eine neue Aufforderung zu, z. B. *Put it on the desk.* Der Aufgerufene holt das Tuch aus dem Papierkorb und legt es auf den Lehrertisch. Das Spiel endet, wenn jeder Mitspieler mindestens *eine* Aufforderung ausgeführt hat.

HINWEISE Sonderpunkte für „neue“ Präpositionen sind möglich.

Little duck

ZIELBEREICHE	SPRACHE	spielsteuernde Sprache, Wortfeldaktivierung
	FERTIGKEITEN	Hörverstehen, Sprechen
	ALLGEMEIN	Reaktion, Kontakt beim Weitergeben und Nehmen
DURCHFÜHRUNG	SPIELFORM	alle, im Kreis
	MATERIAL	Stoffente oder anderes Tier
	ZEIT	ab 10 Minuten
	VERLAUF	Eine Stoffente wandert im Sitzkreis von Hand zu Hand. Ruft der außerhalb des Kreises stehende Spielleiter *Stop,* bleibt die Ente in der Hand des Spielers, bei dem sie gerade ist. Er erhält eine Aufgabe vom Spielleiter, z. B. *Tell us six things that ducks like to eat/do.* Hat der Spieler seine Aufgabe erledigt, wandert die Ente weiter bis zum nächsten *Stop.* Weitere mögliche Aufgaben: *Tell us six animals that live on a farm/in the water/ in cages/you can see at the zoo.* *Name seven objects in the classroom/in the street/in your room at home.*

VARIANTEN

Statt einer Ente oder eines anderen Tieres kann ein beliebiger passender Gegenstand weitergegeben werden (Stein, Tennisball, großer Würfel usw.). Der Gegenstand kann thematisch eingebunden werden in Bereiche aus Biologie, Geschichte, Geographie.

Sprechspiel
ab Ende 1. Lernjahr

Twenty-one

ZIELBEREICHE	SPRACHE	Zahlen von 1 – 21 (100)
	FERTIGKEITEN	Hörverstehen, Sprechen
	ALLGEMEIN	Kombinationsfähigkeit, Kontakt
DURCHFÜHRUNG	SPIELFORM	Partnerspiel
	MATERIAL	–
	ZEIT	10 – 20 Minuten
	VERLAUF	Es werden Partnergruppen gebildet (am einfachsten aus den Nachbarn; andere Möglichkeiten siehe Einführung). Da alle Zweiergruppen simultan spielen, ist ein Probelauf vor der Klasse zu empfehlen. A beginnt: *One.* B fährt fort: *Two* (oder *Two – three*). Oder A beginnt: *One – two.* Dann fährt B fort: *Three* (oder *Three – four*). Das heißt also, jeder Spieler kann immer die nächste oder die nächsten beiden Ziffern dazuzählen. Wer am Ende *twenty-one* sagen kann, hat gewonnen. Auch mehrere Durchgänge zwischen den Partnern werden nicht langweilig!

VARIANTEN

Das Spiel ist später ausweitbar auf eine höhere Zielzahl, z. B. 51. Formulierung im mathematischen Sinn ist möglich, da jede Zahl zwischen 1 und 5 addiert werden kann.
Also: *One and five is six. Six and four is ten.*
Ausweitung bis 100 möglich, mit Addition bis 10.

Seventeen and four

ZIELBEREICHE	SPRACHE	Fragen: *Is it . . . ? Does it . . . ?* mit *Yes/No*-Antworten; Wortfelder: Tiernamen, Berufe, Gegenstände
	FERTIGKEITEN	Hörverstehen, reproduzierendes und freies Sprechen
	ALLGEMEIN	Fragestrategien entwickeln, kombinieren
DURCHFÜHRUNG	SPIELFORM	alle; Team (4 – 6 Spieler) und Klasse oder Zweiergruppen
	MATERIAL	–
	ZEIT	ab 20 – 30 Minuten
	VERLAUF	Das Rateteam (4 – 6 Schüler) verläßt den Raum. Die Klasse sucht einen Rategegenstand, der allen bekannt sein sollte (Tier, Persönlichkeit). Er wird an der Tafel oder auf einer Folie festgehalten und abgedeckt. Das Rateteam, im Halbkreis vor der Klasse, beginnt mit Entscheidungsfragen den Gegenstand einzukreisen. Ein *question master* vermerkt die Anzahl der Fragen mit einem Strich an der Tafel oder auf der Folie, wo der Rategegenstand im Rücken des Teams jetzt aufgedeckt ist. Bei 17 weist er das Rateteam darauf hin, daß noch vier Fragen möglich sind. Nur *einmal* darf der Gegenstand selber in der Frage benannt werden (z. B. *Is it a bear?*). Man kann dem Team die Anzahl der nicht benötigten Fragen als Punkte anrechnen.

VARIANTEN

Die Schwierigkeit läßt sich steigern, wenn nur *ein* Spieler fragt. Der Bereich, aus dem Rategegenstände zu wählen sind, kann vorher abgesprochen werden (z. B. Tiere des Waldes, lebende Personen oder ein bestimmter lexikalischer Bereich wie *holidays*).

What do you do?

ZIELBEREICHE	SPRACHE	Fragen mit *do: What do you do?*; Aussagen im *simple present: I sell shoes*; Vokabular: Berufe, Tätigkeiten
	FERTIGKEITEN	Hörverstehen, reproduzierendes und freies Sprechen
	ALLGEMEIN	Spaß, Phantasie, Allgemeinwissen
DURCHFÜHRUNG	SPIELFORM	zwei Rateteams; Zweiergruppen
	MATERIAL	–
	ZEIT	10 – 15 Minuten
	VERLAUF	Ein Spieler tritt vor die Klasse, die in zwei Rateteams aufgeteilt ist. Auf die Frage *What do you do?* antwortet er: *I bake bread and sell cakes.* Eines der beiden Rateteams findet den richtigen Beruf: *So you are a baker.* Dieses Team bekommt einen Punkt, und ein Spieler daraus ist der nächste, der vor der Klasse Aussagen macht. Dieses Spiel ist nur sinnvoll, wenn den Schülern eine ausreichende Zahl an Berufsbezeichnungen und entsprechenden Verben verfügbar ist.

VARIANTEN

Zur intensiveren Sprechaktivität führt das Spiel in Zweiergruppen, dabei fällt jedoch der Wettkampfcharakter als stimulierendes Element weg. Je zwei Spieler stehen einander gegenüber; der eine fragt: *What do you do?* usw.

Sprechspiel
ab 2. Lernjahr

Bananas

ZIELBEREICHE

SPRACHE *wh-questions;* von einfachen Strukturen *(Who is in your room? What are you carrying in your bag?)* bis zu komplexeren Strukturen *(What do you use for cleaning your teeth? When do you start picking apples?)*

FERTIGKEITEN Hörverstehen, gelenktes bis freies Sprechen im Rahmen des vorhandenen Vokabulars

ALLGEMEIN Lust am Fragen, Mimik und Gestik im Dialog

DURCHFÜHRUNG

SPIELFORM alle, im Kreis; Zweiergruppen (Dialog)

MATERIAL –

ZEIT 5 – 20 Minuten (je nach der Anzahl der zur Verfügung stehenden Fragestrukturen und dem Vokabular)

VERLAUF Die Schüler sitzen im Kreis, einer kommt in die Mitte (auch in frontaler Sitzweise denkbar) und wird nacheinander von den Mitspielern alles mögliche gefragt, worauf er jedoch immer stereotyp und ernsthaft antwortet: *Bananas!* (oder *A pig's tail!* oder *A cow's tail!*). Sobald er den Mund zum Lachen verzieht, tauscht er den Platz mit dem, der ihm die letzte Frage gestellt hat, usw. Sprechintensiver, doch ohne Kontrollmöglichkeit durch den Lehrer, ist die Dialogform: Spieler 1 fragt, Spieler 2 antwortet so lange, bis er anfängt zu lachen, dann tauschen beide die Rollen. Bei jedem neuen Durchgang kann der Fragetyp verändert werden (anderes Fragewort, andere Struktur, thematische Veränderung).

HINWEISE Zu Beginn kann evtl. nur mit einer einfachen Frageform oder einem Fragewort gespielt werden.

VARIANTEN Für beide Spielformen – Kreis und Partnerdialog – gibt es die Möglichkeit, eine bestimmte Anzahl von Fragen vorzugeben. Wer sie nicht alle beantworten kann, muß ein Pfand geben oder eine *task card* ziehen. Die *tasks* werden anschließend ausgeführt (siehe Redemittel, Seite 26).

A party game

ZIELBEREICHE	SPRACHE	*going to-future;* Verneinung; Vokabular: Geschenke
	FERTIGKEITEN	Hörverstehen, reproduzierendes und freies Sprechen
	ALLGEMEIN	Spaß, Raten
DURCHFÜHRUNG	SPIELFORM	übliche Sitzweise oder Kreisform
	MATERIAL	–
	ZEIT	10 - 20 Minuten
	VERLAUF	Der Spielleiter oder ein Spieler (dem die Rateregel vertraut ist) eröffnet das Spiel:

I'm going to have a party next week and you're all invited. Tell me what you're going to bring me.

Das Spiel geht im Dialog vor sich:

1. Spieler: *I'm Peter. I'm going to bring you a book.*
Spielleiter: *You can't come.*
2. Spieler: *I'm Mary. I'm going to bring you a box of matches.*
Spielleiter: *You can come.* usw.

Das Spiel läuft so lange, bis die meisten Spieler entdeckt haben, daß ihr Mitbringsel denselben Anfangsbuchstaben haben muß wie ihr Vorname.
Nicht verraten, wer es sofort herausfindet!

VARIANTEN

Weitere Kombinationsmöglichkeiten können von den Spielern selber gefunden werden. Hier einige Beispiele:

- Kommen darf, wer bei der Party etwas tun will, wozu man jemanden (niemand) braucht: *I'm going to play table-tennis/drink a coke.*
- Kommen darf, wer ein Mitbringsel plant, das nur eine Silbe/fünf Buchstaben hat usw.

Sprechspiel
ab 2. Lernjahr

Have a guess

ZIELBEREICHE	SPRACHE	Wortfelder, Wortschatzaktivierung; Fragen und Antworten: *Where/What is it? – It's ...* *Is it ...? – No, it isn't./Yes, it is.*
	FERTIGKEITEN	Hörverstehen, reproduzierendes und freies Sprechen
	ALLGEMEIN	Phantasie, Einfühlung, Wahrnehmung
DURCHFÜHRUNG	SPIELFORM	Kleingruppen (3 – 4 Spieler)
	MATERIAL	–
	ZEIT	10 – 20 Minuten
	VERLAUF	Der Spielleiter läßt Kleingruppen bilden (Zufall oder freie Wahl; vgl. Hinweise zur Gruppenbildung in der Einführung). Ein Spieler beginnt: *There's something new in my room. Where is it?* Antworten sind: *It's on the cupboard/on the table/in your bed* usw. Ist der Ort gefunden, geht es weiter mit: *What is it? – It's ... – No, it isn't* bzw. *Yes, it is,* sobald der Gegenstand genannt wurde. Wer den Gegenstand erraten hat, beginnt die neue Runde.

VARIANTEN

Fragebereiche mit den entsprechenden Wortfeldern können sein: *my room, our house/flat, our garden, our classroom, my satchel.*
Eine mögliche Weiterführung ist: *There's only* one ... (Auslassung!) *in my satchel. What is it?*

Sprechspiel
ab 2. Lernjahr

Blind man

ZIELBEREICHE	SPRACHE	Aufträge formulieren: Richtungen angeben, Bewegungsverben
	FERTIGKEITEN	Hörverstehen, freies Sprechen
	ALLGEMEIN	sich einfühlen, sich einem Partner vertrauensvoll überlassen
DURCHFÜHRUNG	SPIELFORM	alle, im Kreis; Partnerarbeit
	MATERIAL	evtl. Kärtchen mit Aufträgen
	ZEIT	etwa 30 Minuten
	VERLAUF	a) Alle Spieler stehen im Kreis; jeder hat eine Nummer. Der Spielleiter ruft zwei Nummern auf. Derjenige mit der kleineren Nummer ist der Sehende und führt seinen „blinden" Partner mit mündlichen Anweisungen durch den Kreis. Die Zeiten werden vom Aufruf an gestoppt und notiert. b) Im zweiten Teil erhält der sehende Spieler einen Auftrag (schriftlich oder mündlich), den er mit seinem „blinden" Partner ausführen soll. Er gibt ihm mündliche Anweisungen, wie er den Weg zurücklegen und den Auftrag erfüllen kann, z. B. *turn left, now turn right, open the window.*

HINWEISE

Die Teile können allein oder kombiniert gespielt werden. Wird der Auftrag bei b) schriftlich gegeben, so kommt eine „Lesezeit" dazu und verzögert den Spielablauf.
(Erleichterung für den Spielleiter: Auftragskärtchen können immer wieder verwendet werden.)
Das Spiel läßt sich realistischer gestalten, indem dem „Blinden" die Augen verbunden werden.

Sprechspiel
ab 3. Lernjahr

Guess my job

ZIELBEREICHE	SPRACHE	Entscheidungsfragen; Wortfeld: Berufe
	FERTIGKEITEN	Hörverstehen, reproduzierendes und freies Sprechen
	ALLGEMEIN	beobachten, benennen
DURCHFÜHRUNG	SPIELFORM	frontale Sitzordnung oder im Kreis (Halbkreis)
	MATERIAL	Wandtafel
	ZEIT	15 - 20 Minuten
	VERLAUF	Dieses Spiel ist der Fernsehsendung „Was bin ich?" nachgebildet (im Englischen heißt es *What's my line?*). An der Wandtafel gibt es also zwei Spalten für *employed* und *self-employed,* dazu kommt die typische Geste oder Bewegung für den jeweiligen Beruf. Dann beginnt das Raten: *Are you . . .? Do you . . .? Have you got to . . .? Do you work in a . . .?* Es dürfen maximal zehn Entscheidungsfragen gestellt werden, danach gibt sich der Gefragte zu erkennen. Sinn des Spiels sind die Fragen und die Entwicklung möglicher Fragestrategien (von weiten zu engeren Fragen). Die Begrenzung der Fragen auf zehn erhält die Spannung des Spiels.

VARIANTEN

Zwei Gruppen von Fragern stellen ihre Fragen abwechselnd und immer so lange, bis eine Nein-Antwort kommt. Errät eine Gruppe den Beruf, erhält sie einen Punkt. Die Gruppe mit den meisten Punkten hat gewonnen.

Guess who I am

ZIELBEREICHE

SPRACHE: Fragen im *simple present* und *simple past: Do/Did I . . .? Am/Was I . . .?*
Aussagen im *simple present* und *simple past: You live/lived in . . .*

FERTIGKEITEN: Hörverstehen, reproduzierendes und freies Sprechen

ALLGEMEIN: Ratespaß, Allgemeinwissen

DURCHFÜHRUNG

SPIELFORM: alle, im Halbkreis; Einzelspieler – Gesamtgruppe

MATERIAL: Namenskärtchen, Klebestreifen (Tesakrepp) zum Anheften

ZEIT: 20 – 30 Minuten

VERLAUF: Alle Spieler sitzen im Halbkreis, ein Spieler verläßt den Raum. In seiner Abwesenheit einigt sich die Gruppe, welche Persönlichkeit (aus den Bereichen Sport, Musik, Politik, Kunst usw. aus Gegenwart oder Vergangenheit) der Mitspieler darstellen soll. Dieser stellt sich vor die Gruppe und versucht durch Fragen (nur *eine* Entscheidungsfrage ist erlaubt!) herauszufinden, wer er ist. Dann darf er den nächsten Spieler bestimmen.
Auch die umgekehrte Version ist möglich: Nur der Spieler weiß, wen er darstellt, vermerkt es auf der Rückseite der Tafel und wird reihum gefragt. Wer es erraten hat, geht als nächster nach vorne.

VARIANTEN

Drei Spieler stehen vor dem Halbkreis. Auf der Stirn tragen sie die Namen der Personen, die sie darstellen, aber selbst nicht kennen. Durch Fragen versuchen sie nun, „ihren" Namen herauszufinden. Noch intensiver wird die Sprechaktivität der einzelnen Spieler, wenn sich alle – ein Namenskärtchen auf den Rücken geheftet – frei im Raum bewegen und in Partnergesprächen (je drei Fragen) festzustellen versuchen, wer sie sind.

Well-known people

ZIELBEREICHE	SPRACHE	Fragen (Umschreibung mit *do*) und Entscheidungsfragen mit den entsprechenden Antworten; *simple past*
	FERTIGKEITEN	Hörverstehen, reproduzierendes und freies Sprechen
	ALLGEMEIN	Spannung, Allgemeinwissen
DURCHFÜHRUNG	SPIELFORM	zwei Teams
	MATERIAL	Papier und Schreibzeug
	ZEIT	20 - 30 Minuten
	VERLAUF	Im Plenum wird das Thema *well-known people* angesprochen: *who, when, their professions.* Dabei sollten nicht allzu viele Namen erwähnt werden, damit noch eine Auswahl bleibt, wenn sich die Teams 1 und 2 je drei berühmte, nicht mehr lebende Personen ausdenken. Zur Vermeidung von Pannen sollten diese Namen aufgeschrieben werden, damit der Spielleiter überprüfen kann, ob es sich um allgemein bekannte Personen handelt und daß ein Name nicht doppelt auftaucht. Dann beginnen die Spieler von Team 1 zu fragen, ein Spieler von Team 2 beantwortet alle Fragen. Die Anzahl der bis zur Lösung benötigten Fragen wird notiert. Das Team mit der niedrigeren Fragenzahl hat gewonnen. Es ist den Schülern überlassen, eigene Fragestrategien zu entwickeln, oder der Spielleiter kann ihnen raten, vom Allgemeinen zum Spezifischen zu gehen.

VARIANTEN

Die Teamfragen können reihum im Team beantwortet werden. Bei fortgeschrittenen Lernern ist auch eine Dreiergruppe denkbar: Jeder der drei überlegt sich eine Person, dann beginnt der erste zu fragen, der zweite antwortet, der dritte beobachtet und zählt die Anzahl der benötigten Fragen. Danach weiter im Ringtausch: Der zweite fragt, der dritte antwortet, der erste beobachtet usw.

Sprechspiel
ab 3. Lernjahr

Spoons

ZIELBEREICHE	SPRACHE	Gebrauch des *simple past;* Vokabular wahlweise
	FERTIGKEITEN	Hörverstehen, freies Sprechen
	ALLGEMEIN	rasches Reagieren, Spaß
DURCHFÜHRUNG	SPIELFORM	Gruppen bis zu 10 Spielern, im Kreis
	MATERIAL	Plastiklöffel (oder ähnliches) für jeden Mitspieler
	ZEIT	10 - 30 Minuten
	VERLAUF	Die Spieler sitzen im Kreis, in dessen Mitte die Löffel (einer weniger als Spieler) liegen. Der Spielleiter beginnt, eine Geschichte zu erzählen, in deren Verlauf der Begriff *spoon* immer wieder auftaucht. Fällt dieses Wort, so müssen alle Spieler nach einem Löffel greifen; wer dabei leer ausgeht, setzt die Geschichte fort. Witzig und spannend wird es, wenn *spoon* völlig unerwartet (z. B. in Zusammensetzungen) auftaucht, so daß die überraschten Mitspieler eilig nach den Löffeln greifen.

VARIANTEN

Ein Spieler kann die ganze Geschichte erzählen. Die „Löffel" können Steine, Murmeln, Würfel oder andere geeignete Gegenstände sein. Es macht Spaß, bei jeder Geschichte neu zu vereinbaren, *wofür* sie stehen (z. B. Haus, Elefant), so daß sich die Spieler auf das Auftauchen des vereinbarten Begriffs konzentrieren müssen.

Bush telegraph

ZIELBEREICHE

SPRACHE: Aussagesätze und Fragen; *simple past, going to-future*

FERTIGKEITEN: Hörverstehen, reproduzierendes und freies Sprechen

ALLGEMEIN: Konzentration, Gedächtnistraining, Wettbewerb

DURCHFÜHRUNG

SPIELFORM: Gruppen von höchstens 10 Spielern, im Kreis

MATERIAL: *task cards*

ZEIT: 20 - 30 Minuten

VERLAUF: Der Spielleiter beginnt mit einem Aussagesatz, am besten mit einem Zeitadverb, um die Zeit zu fixieren: *Yesterday I went swimming.* Spieler 1 (rechts) fährt dann fort: *You said, Yesterday I went swimming. I watched a western on television last night.*
Spieler 2: *You said, Yesterday I went swimming. You said, I watched a western on television last night. I played football with my friend . . .* Wer die Reihenfolge verwechselt, einen Satz ausläßt oder sich nicht mehr erinnert, scheidet aus oder zieht eine *task card.*
Eine *trial round* vor Spielbeginn ist zu empfehlen.

HINWEISE

Für dieses Spiel sollten genügend Verben und ein ausreichender Wortschatz in den Bereichen Sport und Hobbys aller Art zur Verfügung stehen.
Das Anschauen des jeweiligen Spielers ist eine visuelle Erinnerungshilfe; aus demselben Grund könnten die Aussagesätze jeweils mit einem mimischen oder gestischen Zeichen begleitet werden.

VARIANTEN

Weitere Möglichkeiten:
a) *Tomorrow I'm going to . . .;*
b) Fragen, wobei dann die Spieler jeweils beginnen: *You asked . . .;*
c) indirekte Rede, wobei der erste Satz lauten würde: *You said (that) you went swimming yesterday.*

Sprechspiel
ab 3. Lernjahr

Chain story

ZIELBEREICHE	SPRACHE	*simple past;* Wortschatzwiederholung
	FERTIGKEITEN	Hörverstehen, freies Sprechen
	ALLGEMEIN	Phantasie, Einbringen eigener Erfahrungen
DURCHFÜHRUNG	SPIELFORM	alle, im Kreis
	MATERIAL	geknotetes Tuch, Ball
	ZEIT	20 - 30 Minuten
	VERLAUF	Der Spielleiter beginnt: *Last week a funny thing happened to me. I went...* Hier bricht er ab und wirft das Tuch einem Spieler zu, der die Geschichte dann weiterspinnt.

VARIANTEN

Vorschläge auf derselben Ebene: *I had a strange dream. I dreamt... Yesterday I had a funny experience. I left the house and...*
Eine Veränderung kommt zustande durch eine vorhergehende Stichwortsammlung, an die sich alle halten müssen (stärkere Lenkung, Eingrenzung auf ein bestimmtes Wortfeld).

Sprechspiel
ab 3. Lernjahr

If

ZIELBEREICHE

SPRACHE: *if-clauses (If . . ., you will . . .);*
Vokabular: Länder, Städte, Sehenswürdigkeiten

FERTIGKEITEN: Hörverstehen, Sprechen

ALLGEMEIN: Allgemeinwissen

DURCHFÜHRUNG

SPIELFORM: alle, im Kreis (mit Zurufen oder Zuwerfen) oder zwei Teams

MATERIAL: evtl. Papier und Schreibzeug

ZEIT: 20 – 30 Minuten

VERLAUF: Da dem Spiel eine bestimmte Struktur zugrunde liegt *(If . . ., you will . . .),* sollte diese sicher verfügbar sein. Zu beachten ist, daß *will* nie im Nebensatz mit *if* stehen darf!

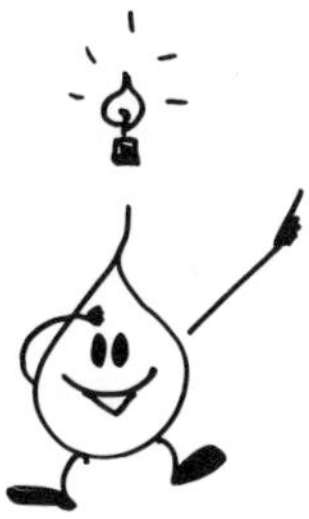

Es geht um Reisen: Jeder im Kreis überlegt sich drei Zielorte (Städte, Länder) und die dazugehörigen Sehenswürdigkeiten. Ein Spieler beginnt: *If you go to London, . . .* und ruft einen Mitspieler auf, der fortfährt: *. . . you will see (Big Ben).* Nun macht dieser Spieler weiter: *If you go to Paris, . . .* usw.
Bei zwei Teams ist es ratsam, daß jedes Team vorher ca. sechs *places* und sechs *sights* aufschreibt. Team 1 beginnt und Team 2 muß den Satz vervollständigen. Für eine richtige Weiterführung (Struktur und Sache müssen stimmen) gibt es einen Punkt.

VARIANTEN

Die Umkehrung ist möglich *(sight – place): You'll see the Tower/. . . if you go to London.* Als spätere Ausweitung bieten sich Aussagen mit *If you went . . ., you would . . .* an.

If you were a tiger

ZIELBEREICHE	SPRACHE	*if-clauses (different types);* Wortschatzaktivierung und -erweiterung; Fragen und Antworten
	FERTIGKEITEN	Hörverstehen, reproduzierendes und freies Sprechen
	ALLGEMEIN	Kontakt aufnehmen, Wünsche äußern, Phantasie, rasches Reagieren
DURCHFÜHRUNG	SPIELFORM	alle, im Kreis
	MATERIAL	Ball, Mütze oder geknotetes Tuch
	ZEIT	15 – 45 Minuten
	VERLAUF	Der Spielleiter eröffnet das Spiel und fragt: *Where would you go if you had a lot of money/five hundred marks/one million marks/...?* Er wirft das geknotete Tuch einem Spieler zu, der darauf reagiert: *I would travel/go/fly to Africa.* Dieser fragt dann weiter und wirft das Tuch einem Mitspieler zu, der seinerseits reagiert, usw. Das Spiel ist zu Ende, wenn jeder Spieler mindestens einmal an der Reihe war.

VARIANTEN

Es ist sinnvoll, sich zunächst auf einen Typ der *if-clauses* zu beschränken; später sind Kombinationen denkbar.
Der Spielleiter nimmt durch die Eröffnung die Themensetzung vor:
What will you do if it rains tomorrow?
What would you do if you were a teacher/tiger?
What would you do if you had a car?
What would you visit if you went to England?
Who would you like to visit if you went to Bonn/London?
Eine weitere Steigerung besteht darin, die gegebene Antwort zu begründen, z. B. *I would go to Africa, because I want to see some wild animals.* Oder die Antwort auszuweiten, z. B. *I would go to Africa by plane/ship/car.*
Weitere Wortfelder: Berufswahl, Lebensgestaltung, Identitätswechsel *(animals, famous people, a person of the opposite sex).*

Sprechspiel
ab 4. Lernjahr

Shipwrecked

ZIELBEREICHE

SPRACHE: begründen, nachfragen, vorschlagen, Zustimmung und Ablehnung äußern; Vermutungen *(if-clauses)*

FERTIGKEITEN: Hörverstehen, Sprechen

ALLGEMEIN: sich mit Phantasie einfühlen und sich mit einer Situation identifizieren

DURCHFÜHRUNG

SPIELFORM: Teams; Partnerarbeit

MATERIAL: Arbeitsblatt (Liste)

ZEIT: 15 - 20 Minuten

VERLAUF: Der Spielleiter stellt die Situation dar: Reisende sind auf einer Insel im Pazifik gestrandet, nur bekleidet mit Schwimmwesten und -schuhen. Sie finden Früchte und Trinkwasser auf der Insel; außerdem haben sie eine Anzahl von Gegenständen an Land gebracht. Sie müssen entscheiden, welche Dinge sie mitnehmen. Jeder kann einen Gegenstand tragen. Acht sollen ausgewählt und nach Wichtigkeit geordnet werden:

box of matches
a magnifying glass
an axe
a bottle of whisky
an atlas
some metal knitting-needles
a transistor radio with batteries
a nylon tent
a camera and 5 rolls of film
ointment for cuts and burns
a saucepan
knife and fork
20 metres of nylon rope
a blanket
a watch
a towel
pencil and paper

Die Zweiergruppen treffen ihre Entscheidung. Sie stellen ihre Auswahl vor und begründen sie vor den Argumenten der anderen Gruppen.

VARIANTEN

Durch die Auswahl von ausgefalleneren Gegenständen kann die Phantasie angeregt werden *(What could they be used for?)*.
Andere *survival*-Situationen können von den Spielern vorgeschlagen und eingesetzt werden (z. B. *A group of six are going on a survival-exercise in the Black Forest*).

A spelling relay

ZIELBEREICHE

SPRACHE: Rechtschreibung *(spelling)* im Bereich eines bestimmten Vokabulars

FERTIGKEITEN: Hörverstehen, Schreiben

ALLGEMEIN: Spannung

DURCHFÜHRUNG

SPIELFORM: zwei oder drei Teams

MATERIAL: Wandtafel, Kreide

ZEIT: 5 – 15 Minuten

VERLAUF: Dieses Wett- oder Staffelspiel kann auf verschiedenen Lernstufen (solange die Bewegungslust da ist) mit dem jeweiligen Vokabular als „Wortschatzübung" gespielt werden. Die Spieler der Teams stellen sich hintereinander so auf, daß jedes Team einen ausreichenden Schreibplatz an der Wand- oder Seitentafel hat. Der Lehrer verdeutlicht ein Wort/eine Wendung durch Gestik, Umschreibung oder muttersprachlich, worauf der jeweils vorne Stehende jedes Teams das Wort anschreibt. Von der Vorgabe bis zum Fertigschreiben muß absolute Stille herrschen. Wer geschrieben hat, stellt sich wieder hinten an. So geht es zwei- oder dreimal durch alle Teams. Das Team mit den wenigsten Fehlern ist Sieger.

VARIANTEN

Der Lehrer liest einen fortlaufenden Text vor, in dem die Lücken gefüllt werden müssen. Die fehlenden Wörter werden aufgeschrieben. Das Anschreiben kann auf der Rückseite der Tafel erfolgen.

Das Spiel kann auch von zwei Schülern entworfen werden, die dann als Spielleiter fungieren.

*Kim's game**

ZIELBEREICHE	SPRACHE	Wortschatzwiederholung, Wortfelder; *present progressive;* Präpositionen
	FERTIGKEITEN	Hörverstehen, Sprechen, Schreiben
	ALLGEMEIN	wahrnehmen, beobachten, Konzentration, Spannung
DURCHFÜHRUNG	SPIELFORM	übliche Sitzweise oder im Kreis
	MATERIAL	Folie mit Bildern von 10 - 20 Gegenständen oder Tätigkeiten (entsprechend den Wortfeldern und sprachlichen Zielsetzungen)
	ZEIT	10 - 15 Minuten
	VERLAUF	Der Spielleiter oder ein Mitspieler hat auf einer Folie 10 - 12 Gegenstände im Bild vorbereitet. Die Spieler betrachten die Bilder ca. zwei Minuten lang. Dann wird die Folie abgedeckt, und alle schreiben die Namen der Gegenstände auf, an die sie sich erinnern können. Spannend ist, wieviel jeder behalten hat und evtl. auch, in welcher Reihenfolge oder wie sich der einzelne die Gegenstände gemerkt hat (Assoziationen). Überprüfen mit der Folie ist wichtig!

VARIANTEN

Falls vorhanden, kann eine Filz- bzw. Magnettafel mit Haftelementen verwendet werden, die sich einfach und schnell anbringen und immer wieder verändern lassen. Sind keine Haftelemente verfügbar, können die Bilder leicht selbst angefertigt werden.
Werden Handlungen dargestellt, lassen sich Verben im *present progressive* wiederholen. Zur Wiederholung von Präpositionen können zwei Gegenstände abgebildet werden, z. B. ein Ball auf dem Tisch.

* *Kim's games* sind Spiele zur Wahrnehmungs- und Gedächtnisschulung. Der Name stammt aus Rudyard Kiplings *Jungle Book* von dem Protagonisten *Kim.*

Things in a bag

ZIELBEREICHE

SPRACHE: Wortfelder: Gegenstände im Klassenzimmer und aus dem Besitz der Schüler;
Adjektive, Possessivpronomen

FERTIGKEITEN: Hörverstehen, Sprechen, Schreiben

ALLGEMEIN: Aufmerksamkeit, Konzentration

DURCHFÜHRUNG

SPIELFORM: übliche Sitzweise oder Kreis

MATERIAL: Tasche oder Sack aus dünnem Material; eingesammelte Gegenstände

ZEIT: 20 Minuten

VERLAUF:

a) Der Spielleiter hat von jedem Schüler einen Gegenstand (Radiergummi, Schlüssel, Heft, Stift) eingesammelt und auf dem Tisch ausgelegt. Die Spieler haben zwei Minuten Zeit, um sich möglichst viele Gegenstände genau einzuprägen. Dann schreibt jeder die Gegenstände auf, die er behalten hat: *a green book, a blue rubber* usw. Danach Vorlesen, Vergleichen und Verteilen der Punkte (1 Punkt pro Gegenstand).

b) Ein Spieler zieht einen Gegenstand aus dem Sack und beschreibt ihn mit dem Rücken zur Klasse; die übrigen Spieler stellen Vermutungen an: *It's Peter's pencil. – It's my pencil* usw. Nach dem Zeigen erhält der Eigentümer seinen Gegenstand zurück und wählt selber den nächsten.

VARIANTEN

Dies ist ein weiteres Kim-Spiel, bei dem Spannung durch das Behaltenstraining entsteht. Es kann vielfach variiert werden. Je mehr Gegenstände, desto schwieriger die Gedächtnisaufgabe – hier ist Anpassung an die Situation der Klasse möglich. Das anschließende Schreiben ist auch als Partnerarbeit denkbar. Die Aufgabe dabei kann auch heißen: Wer zehn Gegenstände aufschreiben kann, erhält einen Punkt usw.

What's in this box?

ZIELBEREICHE	SPRACHE	Wortschatzaktivierung
	FERTIGKEITEN	Hörverstehen, Sprechen, Schreiben, Lesen
	ALLGEMEIN	Konzentration, Spannung, Spaß
DURCHFÜHRUNG	SPIELFORM	übliche Sitzweise oder Halbkreis
	MATERIAL	eine Kiste mit Gegenständen, die dem Wortschatz entsprechen
	ZEIT	10 – 30 Minuten
	VERLAUF	Jeder Schüler hat ein Blatt mit so viel numerierten Zeilen, wie Gegenstände im Behälter sind. Der Lehrer zeigt die Kiste und erzählt, daß sich darin 12 Dinge befinden, die er nacheinander zeigen wird. Jeder soll sich möglichst viele merken und auf ein Signal hin aufschreiben. Die Reihenfolge spielt keine Rolle. Wichtig ist Stille zur Konzentration. Die Blätter können ausgetauscht und mit Tafelanschrieb oder Folie überprüft werden. Punkte für Erinnern *und* für Rechtschreibung sind möglich.

VARIANTEN

Dieses Kim-Spiel kann erweitert werden, indem z. B. zu jedem Gegenstand etwas ausgesagt werden muß.
Im 3. oder 4. Lernjahr lassen sich Kim-Spiele auch mit Bildern durchführen, die auf Folie nacheinander oder gleichzeitig gezeigt und drei Minuten schweigend betrachtet werden. Dann notiert jeder Schüler die Gegenstände, die er behalten hat.

Crossword puzzles

ZIELBEREICHE	SPRACHE	Wortschatzaktivierung, gezielte Übung eines Vokabulars
	FERTIGKEITEN	Hörverstehen, Leseverstehen, Sprechen, Schreiben
	ALLGEMEIN	Phantasie, Spannung, Spaß

DURCHFÜHRUNG SPIELFORM Einer Beschreibung für ihre Durchführung bedürfen Kreuzworträtsel sicherlich nicht: Sie haben sich im Fremdsprachenunterricht als motivierende und im Wortschatztraining funktionale Übungsformen eingebürgert, werden auch vielfach in der fachdidaktischen Literatur angeboten. Gut geeignet für alle Sozialformen, von der ganzen Klasse, über Gruppen- und Partner- bis hin zur Einzelarbeit oder als Hausaufgabe, erfüllen sie für den Unterricht einen wichtigen Zweck.

Die variierte Quadratform des Kreuzworträtsels hat zwei Nachteile:

- Beim Einsetzen der Wörter in die vorgegebene Form ergeben sich immer wieder „Füllwörter“, die entweder *obsolete* sind oder dem Wortschatz der Schüler nicht angehören.
- Es kostet den Lehrer viel Zeit, ein dem zu übenden Wortschatz entsprechendes *crossword puzzle* in dieser Struktur zu gestalten.

Deshalb werden hier zur Ergänzung einige Formen beschrieben, die relativ *rasch* zu erstellen sind und *keine Füllwörter* enthalten müssen. Sie sind außerdem so gestaltet, daß die Schüler selbst mit Hilfe eines irgendwo erscheinenden Lösungswortes die Richtigkeit überprüfen können.

Die Kammform

Die Kammform ist wegen ihrer Einfachheit schnell herzustellen.

1. Lösungswort senkrecht schreiben.
2. Kammartig waagerecht nach rechts Wörter aus den Buchstaben des Lösungswortes abgehen lassen.
3. Beschreibungstext herstellen (bei schwierigen Wörtern evtl. einen Buchstaben angeben).

Hier ein Beispiel zum Thema *Travelling/Holidays:*

1	**H**	O	T	E	L						
2	**I**	N	F	O	R	M	A	T	I	O	N
3	**L**	I	F	T							
4	**T**	O	W	E	L						
5	**O**	C	E	A	N						
6	**N**	O	N	-	S	M	O	K	E	R	

1. *During your holidays you can stay in a . . .*
2. *You need some . . . before you decide where to go.*
3. *In the hotel you take a . . . to the third floor.*
4. *In your room you can dry your hands on a . . .*
5. *If you are close to the beach you can see the . . .*
6. *If you go by train you will sit in a . . . because you do not smoke.*

Crossword puzzles

Der „Kamm“ kann auch in die andere Richtung zeigen:

1						F	A	R	**M**
2				B	A	N	A	N	**A**
3							C	A	**R**
4					C	H	E	C	**K**
5					A	P	P	L	**E**
6				B	A	S	K	E	**T**
7							L	A	**D**
8							T	E	**A**
9	W	E	D	N	E	S	D	A	**Y**

1. *A farmer lives there.*
2. *A soft yellow fruit in a skin.*
3. *A farmer brings his goods to the market in it.*
4. *To look carefully at something.*
5. *A round, red or yellow fruit that grows on trees.*
6. *A farmer carries fruit in it.*
7. *A young boy.*
8. *Coffee and . . . are hot drinks.*
9. *The day after Tuesday.*

<u>Die Baumform</u>

Auch hier wird das Lösungswort senkrecht geschrieben, dann quer dazu die Wörter so, daß sie an irgendeiner Stelle den entsprechenden Buchstaben des Lösungswortes enthalten.

Hier ein Beispiel zum Thema *At the filling station:*

1. Lösungswort senkrecht schreiben.
2. Alle einsetzbaren Wörter aus dem Wortfeld heraussuchen und so anordnen, daß sie an einer Stelle mit einem Buchstaben des Lösungswortes übereinstimmen.

1						**F**	R	O	N	T
2					O	**I**	L			
3						**L**	I	T	R	E
4	V	E	H	I	C	**L**	E	S		
5					A	**I**	R			
6				T	A	**N**	K			
7		G	A	R	A	**G**	E			
8	C	H	E	C	K	**S**				
9						**T**	Y	R	E	
10					C	**A**	R			
11		P	U	N	C	**T**	U	R	E	
12			E	N	G	**I**	N	E		
13		P	E	T	R	**O**	L			
14	M	E	C	H	A	**N**	I	C		

1. *A car has got two back wheels and two . . . wheels.*
2. *An old car uses lots of . . .*
3. *1 l = one . . .*
4. *Cars, lorries and buses are all . . .*
5. *You can't see it, but a car and your bike need it.*
6. *The . . . in my car holds 50 litres.*
7. *Cars are repaired here.*
8. *A careful driver . . . the oil every week.*
9. *I've got to change the wheel. I've got a flat . . .*
10. *You've got to be 18 to drive a . . .*
11. *There isn't any air in my tyre. I've got a . . .*
12. *A fast car has got a powerful . . .*
13. *Some cars use diesel, but most cars use . . .*
14. *A person who repairs cars.*

Crossword puzzles

Die Querform

Fällt das senkrecht stehende Lösungswort weg, so ergibt sich ein *word puzzle,* das kein *crossword puzzle* mehr ist.
Im Prinzip entspricht es jedoch der Baumform und kann leicht entsprechend einem Übungsthema oder dem zu übenden Wortschatz gestaltet werden.

Opposites

Find the opposites of the words below. If you solve the puzzle, the first word down will give you the superlative of the opposite of "long".

1. *fast*
2. *cold*
3. *young*
4. *poor*
5. *thick*
6. *late*
7. *tall*
8. *false*

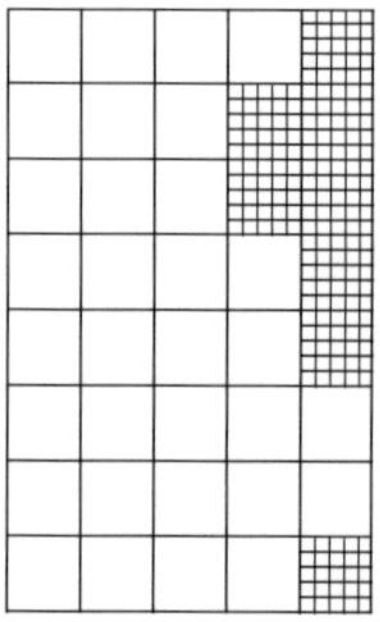

Completing sentences

Choose your words from the list at the bottom.

1. *A branch is a part of a*
2. *A page is a part of a*
3. *A leaf is a part of a*
4. *A roof is a part of a*
5. *A tyre is a part of a*
6. *An ear is a part of the*
7. *The knee is a part of the*
8. *The lid is a part of the*
9. *The wing is a part of the*
10. *The leg is a part of the*

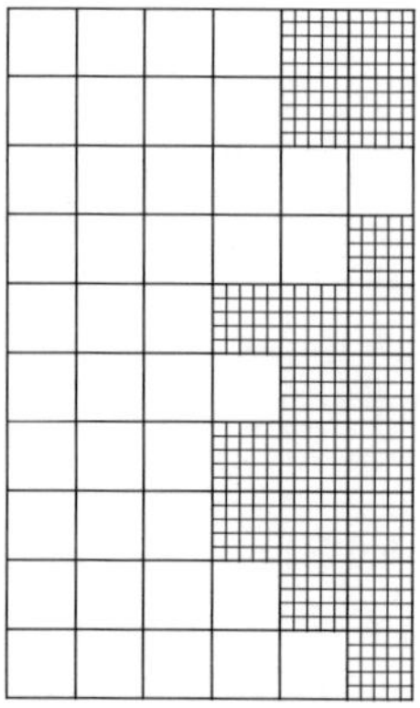

chair, car, body, leg, tree, eye, house, flower, book, bird

Up and down

ZIELBEREICHE	SPRACHE	Wortschatzaktivierung
	FERTIGKEITEN	Hörverstehen, Sprechen, Schreiben, Lesen
	ALLGEMEIN	Phantasie, Spannung, Spaß
DURCHFÜHRUNG	SPIELFORM	übliche Sitzweise; Einzel- oder Partnerarbeit
	MATERIAL	Papier und Schreibzeug
	ZEIT	10 - 20 Minuten
	VERLAUF	Bei diesem Schreibspiel werden die Buchstaben des Anfangswortes zuerst von oben nach unten und – um einige Buchstabenfelder nach rechts gerückt – noch einmal von unten nach oben geschrieben.

Hier zwei Beispiele: *appetite* und *marmalade.*

A	G	**E**	S					
P	E	**T**	R	O	L			
P	A	**I**	N	T				
E	N	**T**	E	R				
T	R	**E**	E					
I	M	**P**	O	R	T	A	N	T
T	O	**P**						
E	X	**A**	M					

M	E	**E**	T		
A	N	**D**			
R	E	**A**	D	Y	
M	I	**L**	K		
A	L	**A**	R	M	
L	A	**M**	P		
A	R	**R**	I	V	E
D	R	**A**	N	K	
E	M	**M**	A		

Da die Ausgangswörter nicht von einer bestimmten Länge sein müssen, kann hier die Länge und der Schwierigkeitsgrad des Spiels leicht gesteuert werden.

HINWEISE

Dieses Spiel eignet sich zur Einzelbeschäftigung und als Hausaufgabe. Die Abstände zwischen den abwärts und aufwärts geschriebenen Buchstaben können verändert werden oder jeweils als Anfangs- und Schlußbuchstabe der gefundenen Wörter gelten.

Schreibspiel
ab Ende 1. Lernjahr

Word pyramids

ZIELBEREICHE	SPRACHE	Wortschatzaktivierung
	FERTIGKEITEN	Leseverstehen, Schreiben
	ALLGEMEIN	definieren, beschreiben
DURCHFÜHRUNG	SPIELFORM	übliche Sitzweise; Einzel- oder Partnerarbeit
	MATERIAL	Spielblatt mit zwei (oder mehr) Pyramiden
	ZEIT	20 – 30 Minuten
	VERLAUF	Jeder Schüler hat ein Spielblatt vor sich und füllt die Pyramiden entsprechend den Umschreibungen aus.

Die Beispiele unten haben gemeinsam den jeweils gleichen Anfangsbuchstaben (*s* und *t*). Das muß natürlich nicht sein, ist jedoch eine kleine Stütze beim Ausfüllen.
Wichtig ist die anschließende Überprüfung (Folie).
Einzel- oder Partnerarbeit ist möglich; auch als Hausaufgabe ist das Blatt einsetzbar.

S O N	*Line* 1: *A "boy child".*
_ _ _ _	2: *You find it on the beach.*
_ _ _ _ _	3: *Opposite of "sit".*
_ _ _ _ _ _	4: *Another word for "cry".*
_ _ _ _ _ _ _	5: *Another word for "some".*
_ _ _ _ _ _ _ _	6: *Two slices of bread with meat, cheese, etc. between.*
_ _ _ _ _ _ _ _ _	7: *A month.*
_ _ _ _ _ _ _ _ _ _	8: *A small, soft, red fruit.*

T _ _	*Line* 1: *One "finger" of your foot.*
_ _ _ _	2: *Opposite of "fat".*
_ _ _ _ _	3: *American word for "lorry".*
_ _ _ _ _ _	4: *It's in your mouth.*
_ _ _ _ _ _ _	5: *Hungry and . . .*
_ _ _ _ _ _ _ _	6: *A weekday.*
_ _ _ _ _ _ _ _ _	7: *People have got it in their offices and homes.*
_ _ _ _ _ _ _ _ _ _	8: *Everybody watches it at home.*

VARIANTEN

Die Pyramiden können höher sein, sich nur auf ein Wortfeld beziehen oder verschiedene Anfangsbuchstaben haben. Entsprechend wächst die Anforderung.
Das Erstellen von Wort-Pyramiden ist ein beliebter Wettbewerb. Die Schüler lernen dabei, ein Wörterbuch zu benutzen, Wörter zu umschreiben oder über ein Synonym/Antonym zu definieren.

Schreibspiel
2. Lernjahr

Find the words

ZIELBEREICHE	SPRACHE	Wortschatzaktivierung; Wortarten (z. B. Substantive, Verben, Adjektive); bestimmte grammatische Formen wie *simple past,* Plural usw.
	FERTIGKEITEN	Leseverstehen, Schreiben, Sprechen
	ALLGEMEIN	Phantasie, Reaktionsvermögen
DURCHFÜHRUNG	SPIELFORM	übliche Sitzweise; Einzel- oder Partnerarbeit
	MATERIAL	Spielblatt mit Buchstabenquadrat
	ZEIT	etwa 30 Minuten
	VERLAUF	Jeder Schüler oder jede Zweiergruppe hat ein Spielblatt und füllt es entsprechend der Aufgabenstellung aus. Der Wettbewerbscharakter des Spiels steigt mit einer Zeitbegrenzung, z. B. wer findet die meisten *past*-Formen in 10 Minuten? Wesentlich ist eine (Selbst-)Überprüfung, z. B. mit Hilfe einer Folie.

A	S	A	N	G	O	P	E	N	E	D	E	R
L	P	R	O	O	N	B	U	I	L	T	K	A
K	E	P	T	E	O	R	O	T	V	A	N	N
Q	N	W	A	S	T	O	S	U	F	U	E	I
M	T	J	O	I	E	U	A	Z	G	G	W	G
M	E	L	F	N	D	G	I	J	Y	H	U	A
E	D	C	O	A	E	H	D	S	A	T	T	V
T	H	O	U	G	H	T	I	T	A	X	A	E
E	C	S	N	E	E	Y	D	O	T	W	S	R
H	I	T	D	B	L	A	Y	O	E	E	K	E
A	H	E	A	R	D	O	G	D	E	N	E	W
D	R	E	W	R	O	T	E	F	X	T	D	L

Can you find the simple past forms of the verbs listed below? Look carefully and circle the words you find. Some of the letters belong to two or even three verbs at the same time. The words go in all directions: up and down, left and right and diagonally.

There is a circle around "were", the simple past form of the first verb "are". Here are the verbs:

1. *are*
2. *ask*
3. *begin*
4. *bring*
5. *build*
6. *buy*
7. *cost*
8. *do*
9. *draw*
10. *eat*
11. *find*
12. *get*
13. *give*
14. *go*
15. *have*
16. *hear*
17. *hit*
18. *hold*
19. *is*
20. *keep*
21. *know*
22. *lie*
23. *meet*
24. *note*
25. *open*
26. *pay*
27. *put*
28. *run*
29. *say*
30. *see*
31. *sell*
32. *sing*
33. *sit*
34. *spend*
35. *stand*
36. *teach*
37. *think*
38. *win*
39. *write*

▶

Schreibspiel
2. Lernjahr

Find the words

HINWEISE

Viele Aufgabenstellungen sind denkbar, z. B. Adjektive, Pluralformen; Wortfelder: *market/the grocer's/school/holidays.* Das Buchstabenfeld muß entsprechend gestaltet werden. Am Anfang kann man sich auf die Richtungen von links nach rechts und von oben nach unten beschränken.
Das Spiel läßt sich bis zum 6. Lernjahr an die unterschiedlichsten Lernsituationen anpassen.

Schreibspiel
ab 2. Lernjahr

Word Bingo

ZIELBEREICHE

SPRACHE Wortschatzwiederholung

FERTIGKEITEN Hörverstehen, Leseverstehen, Sprechen

ALLGEMEIN definieren, beschreiben

DURCHFÜHRUNG

SPIELFORM übliche Sitzweise

MATERIAL Papier und Schreibzeug

ZEIT 20 – 30 Minuten (abhängig von der Anzahl der Wörter)

VERLAUF Diese Spielform ist zur gemeinsamen Überprüfung/Wiederholung eines gelernten Wortschatzes geeignet. Ein vorbereitetes Arbeitsblatt wird von jedem Spieler nach eigener Wahl aus dem betreffenden Wortschatz ausgefüllt, z. B.

again	afternoon	dirty
wet	lorry	colour
tea	fast	twin

Der Spielleiter liest jetzt in *beliebiger* Reihenfolge Beispielsätze mit diesen Wörtern vor, wobei er anstelle des gefragten Wortes jeweils ein Geräusch (Klopfen, Fingerschnipsen) einsetzt.
Er sollte die Wörter in der Reihenfolge des Lesens festhalten (am besten auf Folie für die anschließende Kontrolle). Während des Lesens sollen die Spieler „ihre" Wörter erkennen. Wer zuerst drei in horizontaler oder vertikaler Richtung „richtig" hat, erhält einen Punkt. Wer zuerst „alle neune" hat, ruft *Bingo!* und ist Gewinner.

VARIANTEN

Word Bingo eignet sich für alle Arten von Wortschatz sowie für die Reaktivierung von Wortfeldern, z. B. Verben der Bewegung, Farbadjektive, Präpositionen usw. Abrufen kann man die einzelnen Wörter auch über das Vorlesen eines Textes, in dem die Elemente des entsprechenden Wortfeldes enthalten sind. Dann liegt der Akzent auf dem Hörverstehen in Kombination mit Leseverstehen.

Word puzzle

ZIELBEREICHE	SPRACHE	Wortschatzaktivierung
	FERTIGKEITEN	Hörverstehen, Leseverstehen, freies Sprechen, Schreiben
	ALLGEMEIN	Phantasie, Spannung, Spaß
DURCHFÜHRUNG	SPIELFORM	übliche Sitzweise; Einzel- oder Partnerarbeit
	MATERIAL	Papier und Schreibzeug
	ZEIT	15 - 20 Minuten
	VERLAUF	*Word puzzles* lassen sich aus dem Spiel *Up and down* weiterentwickeln, indem die neu entstandenen Wörter definiert werden, wie das folgende Beispiel zeigt:

Fountain

Find 8 nouns consisting of 5 letters each. The first letters will tell you the name of something made of water that people like to look at.

1	**F**	L	O	O	R
2	**O**	C	E	A	N
3	**U**	N	C	L	E
4	**N**	O	R	T	H
5	**T**	E	E	T	H
6	**A**	P	R	I	L
7	**I**	N	D	I	A
8	**N**	U	R	S	E

1. *Opposite of "ceiling".*
2. *My bonnie is over the . . .*
3. *My father's brother is my . . .*
4. *Opposite of "south".*
5. *When you are grown up you have 32 of these.*
6. *The month before May.*
7. *Bombay is a town in . . .*
8. *A . . . looks after you when you are ill in hospital.*

HINWEISE

Vom Wortschatz her ist das *word puzzle* etwas starr durch die Festlegung der Buchstaben an bestimmter Stelle. Trotzdem ist es ein geeignetes Instrument für Wortschatztraining, auch in lehrerunabhängiger Partner- oder Gruppenarbeit. Schülern macht es meist großen Spaß, selber *word puzzles* zu entwerfen.

How many words can you make out of it?

ZIELBEREICHE	SPRACHE	Wortschatzaktivierung
	FERTIGKEITEN	Hörverstehen, Sprechen, Schreiben, Lesen
	ALLGEMEIN	Phantasie, Spannung
DURCHFÜHRUNG	SPIELFORM	übliche Sitzweise; Einzel- oder Partnerarbeit
	MATERIAL	Papier und Schreibzeug
	ZEIT	10 – 20 Minuten
	VERLAUF	Der Lehrer schreibt das „Ausgangswort" an die Tafel oder teilt entsprechend vorbereitete Arbeitsblätter aus. Er gibt den Schülern eine angemessene Zeit, um Wörter (mit mindestens drei Buchstaben) aufzuschreiben, die dem Ausgangswortschatz entnommen sind. Danach zählen alle Mitspieler ihre Wörter und erhalten für jedes richtige Wort einen Punkt.

Wer die höchste Punktzahl hat, beginnt vorzulesen; sobald andere dasselbe Wort haben, muß es bei allen gestrichen werden. Alle anderen Schüler verlesen dann der Reihe nach die ihnen noch verbliebenen Wörter und bekommen für jedes nicht gestrichene Wort zwei Zusatzpunkte. Wer z. B. 24 richtige Wörter gefunden hat, darunter 5, die keinem eingefallen sind, erhält 24 + (5 x 2) = 34 Punkte.

Aus dem Ausgangswort *woodpecker* können z. B. folgende Wörter gebildet werden: *cook, cop, cow, creep, crew, crowd, deep, dock, docker, door, drew, drop, keep, poor, pork, power, red, rock, rode, rope, row, week, weep, were, wood, word, work, wreck.*

Doch nicht alle langen Wörter sind für dieses Spiel geeignet. Sie müssen vor allem häufig vorkommende Vokale und Konsonanten enthalten, z. B. *afterwards, decorations, observation, presentation, uncomfortable, understatement, unfortunately.*

HINWEISE

Sowohl das Sammeln von Wörtern als auch die anschließende Zählung eignen sich gut zur Partnerarbeit; dabei findet schon eine kleine „Vorkontrolle" statt.

Magic squares

Zielbereiche

SPRACHE: Wortschatzaktivierung

FERTIGKEITEN: Hörverstehen, Sprechen, Schreiben, Lesen

ALLGEMEIN: Phantasie, Spannung, Spaß

Durchführung

SPIELFORM: übliche Sitzweise; Einzel- oder Partnerarbeit

MATERIAL: Papier und Schreibzeug

ZEIT: 10 – 30 Minuten

VERLAUF: Dieses Spiel stellt im Prinzip die gleiche Aufgabe wie *How many words can you make out of it?*, nur soll hier auch das Ausgangswort mitgeraten werden. Der Lehrer zeichnet dieses in einem neunteiligen Quadrat an die Tafel, z. B. *operation* und *nightmare.*

R	O	N
A	T	E
O	I	P

T	M	R
E	H	I
N	G	A

Die Schüler schreiben sich die neun Buchstaben, evtl. alphabetisch geordnet, auf und versuchen, innerhalb einer vorgegebenen Zeit möglichst viele Wörter mit mindestens drei Buchstaben und auch das Ausgangswort zu finden. Wer das im *magic square* verborgene Wort findet, erhält fünf Zusatzpunkte.

Weitere für das Spiel passende Wörter sind: *breathing, education, neighbour, policeman, something, spectator, Wednesday.*

Hinweise

Auf Arbeitsblättern vorbereitet, eignen sich *magic squares* auch gut für die Individualarbeit bei innerer Differenzierung in der Klasse oder als Hausaufgabe.

Schreibspiel
2.–4. Lernjahr

Jumbled sentences

ZIELBEREICHE	SPRACHE	Zusammenhänge erkennen
	FERTIGKEITEN	Hörverstehen, Leseverstehen, Sprechen, Schreiben
	ALLGEMEIN	Phantasie, Spannung
DURCHFÜHRUNG	SPIELFORM	übliche Sitzweise; Zweier- oder Dreiergruppen
	MATERIAL	Sätze einer Geschichte in beliebiger Reihenfolge
	ZEIT	20 – 40 Minuten
	VERLAUF	Die Schüler erhalten eine Liste mit durcheinandergewürfelten Sätzen einer Geschichte (eines Erlebnisses, einer witzigen Erzählung). Der Lehrer erteilt ihnen den Auftrag, diese Sätze so zu ordnen, daß sie eine sinnvolle Geschichte ergeben. Die fertigen Geschichten werden vorgelesen.

VARIANTEN

Dieses Schreibspiel wird zu einem sehr amüsanten Sprechspiel, wenn mehrere Geschichten so aufgeteilt werden, daß jeder Schüler einen Satz (von ca. fünf Sätzen) auf einem Streifen erhält. Alle bewegen sich frei im Raum und suchen ihre Partner zur Vervollständigung der Geschichte. Jede Gruppe bringt dann ihre Sätze in die richtige Reihenfolge.

Wichtig: Damit sich die richtigen Partner finden können, müssen sich die Geschichten inhaltlich deutlich voneinander unterscheiden, oder die Papierstreifen werden für jede Geschichte mit einer bestimmten Farbe oder Nummer gekennzeichnet.
Jokes eignen sich besonders gut für dieses Spiel.

Schreibspiel
ab 3. Lernjahr

Describing people

ZIELBEREICHE	SPRACHE	beschreibende Adjektive; Wortfelder: Körperteile, Kleidung
	FERTIGKEITEN	Hörverstehen, freies Sprechen, Schreiben
	ALLGEMEIN	Beobachtung, Fremdwahrnehmung, Einfühlen in andere Personen (Zumutbarkeit von Kritik)
DURCHFÜHRUNG	SPIELFORM	alle, im Kreis
	MATERIAL	Papier (DIN A5), Stifte
	ZEIT	20 - 30 Minuten
	VERLAUF	Jeder Schüler schreibt seinen Vornamen oben auf ein Blatt Papier. Die Blätter werden gemischt und mit den Namen nach unten in die Kreismitte gelegt. Jeder Schüler nimmt sich ein Blatt (eigene Namen wieder tauschen!) und beschreibt denjenigen, dessen Name oben steht. Vorgaben sind möglich, z. B. *Describe him/her in three sentences. Say only what you like about him/her. What's he/she wearing?* Das Blatt wandert um einen Spieler nach rechts, die Beschreibung wird vorgelesen, und alle raten, wer es ist.

VARIANTEN

Die Blätter können aufgehängt werden. Jeder Schüler sucht das Blatt mit seinem Namen, liest den Text vor und errät, wer ihn beschrieben hat.

Dieses Spiel erfordert ein bereits vorhandenes Gefühl dafür, was zumutbar ist, damit sich niemand verletzt fühlt. Das läßt sich durch Lenkung der Beschreibung vermeiden (siehe oben).

Schreibspiel
ab 3. Lernjahr

Find somebody

ZIELBEREICHE	SPRACHE	Anweisungen in Fragen umsetzen; Fragen und Antworten; Wortfelder: Schule, Ferien, Landeskunde, Sport usw.
	FERTIGKEITEN	Hörverstehen, Sprechen, Schreiben
	ALLGEMEIN	beobachten, einander kennenlernen
DURCHFÜHRUNG	SPIELFORM	alle; freie Bewegung im Raum – Kreis
	MATERIAL	Liste mit Aufträgen zum Fragen und Ausfüllen für jeden Spieler
	ZEIT	je nach Größe der Gruppe und Länge der Liste 30 – 40 Minuten
	VERLAUF	Der Spielleiter beginnt: *I'm going to give each of you a list. It tells you for example "Find somebody who plays squash". Now go round and ask the others . . . You have 15 minutes to complete your list as far as possible.* Danach sitzt die Gesamtgruppe im Kreis, und jeder Spieler berichtet von seinen Ergebnissen. Diese Ergebnisrunde kann etwas gelenkt werden: *Tell us only for which question you found three (four, two) people. (I found two people who would like to be a film star.)*

HINWEISE

Die Liste muß entsprechend der Lernsituation der Gruppe gestaltet werden *(tenses!)*. Die Grundaufgabe, Aufträge in Fragen abzuwandeln, bleibt bestehen.
Bei einer neu zusammentretenden Gruppe kann dieses Spiel die Funktion eines Einstiegsspiels *(ice-breaker)* annehmen.

Schreibspiel
ab 3. Lernjahr

*Story telling**

ZIELBEREICHE	SPRACHE	*simple past;* beliebige Wortfelder
	FERTIGKEITEN	Hörverstehen, Sprechen, Schreiben
	ALLGEMEIN	Assoziationen, Phantasie
DURCHFÜHRUNG	SPIELFORM	übliche Sitzordnung, Dreiergruppen zum Schreiben
	MATERIAL	–
	ZEIT	45 Minuten
	VERLAUF	Der Lehrer/Spielleiter beginnt: *I'm going to give you a theme (or: the headline of a story) and you tell me any words you associate with it.* Ein Schüler schreibt die genannten Wörter kreuz und quer (aber lesbar!) an die Tafel. Nach der Sammelphase (ca. 2 – 3 Minuten) könnte das so aussehen:

Die Dreiergruppen sollen nun alle Wörter in Sinngruppen ordnen (mit Überschriften) und eine zusammenhängende Geschichte (in Stichworten) aufschreiben. Die Geschichten werden vorgelesen oder erzählt.

VARIANTEN

Je stärker die an der Tafel aufgeführten Wörter voneinander abweichen, desto vielfältiger werden die Geschichten. Die Aufgabenstellung an die Gruppe kann auch heißen: *Choose 10 (6, 4) words from the board and write a story.*
Weitere mögliche Themen sind: *Missing the bus, Lost ticket, A funny story, Climbing a mountain, Late at . . .*

* Die Idee stammt aus Christine Frank und Mario Rinvolucri: *Grammar in Action.* Max Hueber Verlag, München 1983.

Alphabet cards

ZIELBEREICHE

SPRACHE: Alphabet, Anfangsvokabular, Schriftbild

FERTIGKEITEN: Hörverstehen, Sprechen (Aussprache)

ALLGEMEIN: Konzentration, *"learning by doing"*, Reaktionsgeschwindigkeit

DURCHFÜHRUNG

SPIELFORM: Partner- oder Dreiergruppen an Tischen. Die übliche Sitzweise eignet sich besonders gut, da manche der folgenden Vorschläge nur sehr kurz (bis 5 Minuten!) in den Unterricht integriert werden können.

MATERIAL: Buchstabenkärtchen (ca. 4 x 5,5 cm, je nach Kartonformat) mit je einem Buchstaben. Bei 64 Kärtchen empfiehlt sich folgende Verteilung:

4 x E und S; 3 x A, B, D, G, L, M, N, O, P, R, T; 2 x C, F, H, I, J, K, U, V, W, Y; 1 x Q, X, Z.

Je Partner- oder Dreiergruppe wird ein Set von 64 Kärtchen (zur leichteren Einordnung durchlaufend numeriert) hergestellt und in einer bestimmten Anordnung, die das Finden der Kärtchen erleichtert, auf dem Tisch ausgelegt, z. B.

A B C D E F G
H I J K L M N
O P Q R S T U V W X Y Z

Vor den Schülern muß genügend Raum zum Legen bleiben; gleiche Buchstaben liegen aufeinander. Der Herstellungsaufwand lohnt sich, wenn man die Kärtchen „dauerhaft" herstellt (mit Folie überziehen), um sie lange und vielseitig benutzen zu können.

VERLAUF: Mit den Buchstabenkärtchen sind eine ganze Reihe spielerischer Aktivitäten im 1. Lernjahr möglich, die der Spielleiter aufgrund eigener Erfahrungen ergänzen wird.

Spelling. Buchstaben hochhalten und benennen: *Show me (hold up) A (A and G; A and E).* Dabei werden Benennung und Identifikation geübt. Auch als Kettenaktivität von Schüler zu Schüler denkbar.

Ear training. Listen carefully and put down the word: box/ball usw. Am Anfang einsilbige Wörter, Benennen von *classroom objects.* Weiterführen zur unterscheidenden Wahrnehmung, z. B. *ring – sing; sat – that; dog – dock.* ▶

Spelling and pronunciation. Was sich bei den Unterscheidungsübungen ankündigt, kann mit folgender Aufforderung weitergeführt werden:

Put down: hat (Schüler legen *h – a – t*).
Change into: hate (Schüler ergänzen zu *h – a – t – e*).

Dies kann mit Bildkarten ergänzt werden, z. B. *hare – hair,* um Homophone zu üben.

VARIANTEN

Sicher findet hier jeder weitere Ergänzungen und Varianten. Bei den vorgeschlagenen Übungen zu *ear training* und *pronunciation* läßt sich die Gefahr einer Loslösung von Situationen vermeiden, wenn die Übungen an die *classroom situation* oder an eine Lehrbuchsituation angebunden werden.

Living words

ZIELBEREICHE

SPRACHE: Rechtschreibung, Aussprache

FERTIGKEITEN: Hörverstehen

ALLGEMEIN: rasche Reaktion, Spannung

DURCHFÜHRUNG

SPIELFORM: zwei Teams in folgender Aufstellung:

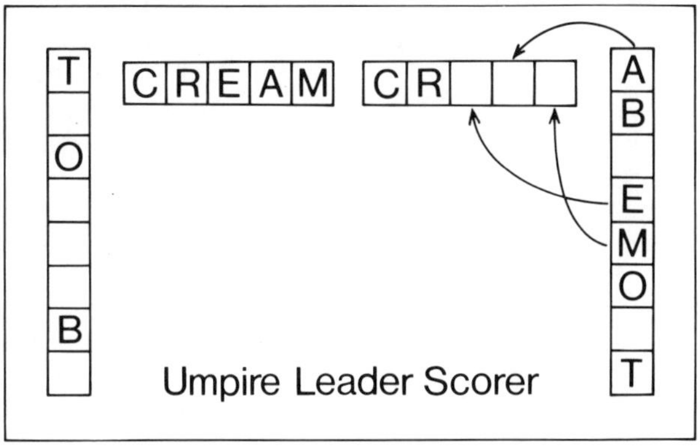

MATERIAL: Jeder Spieler braucht eine Buchstabenkarte, die auf ca. 10 m lesbar sein sollte. Für beide Teams werden die gleichen Karten in verschiedenen Farben benötigt, z. B. schwarz und rot.

ZEIT: 10 – 30 Minuten

VERLAUF: Die Teams nehmen an der linken und rechten Wand des Raumes Aufstellung (wie oben skizziert). Vorne stehen der Spielleiter *(leader),* der Schiedsrichter *(umpire)* und der Punktrichter *(scorer),* der die Punkte an der Tafel festhält. Der Spielleiter ruft deutlich ein Wort, worauf aus beiden Teams die entsprechenden „lebenden Buchstaben“ nach hinten eilen und sich dort formieren. Das schnellste Team erhält einen Punkt. Sieger ist das Team, das zuerst z. B. 20 Punkte erreicht hat oder das nach einer vereinbarten Zeit die höchste Punktzahl hat.

HINWEISE

Für dieses Spiel haben sich bestimmte Buchstabenkonstellationen bewährt, z. B. bei 8 Buchstaben pro Team ABCEMORT oder ABEFLMOT. Bei 10 Buchstaben kommen L und N bzw. H und R dazu, also ABCELMNORT oder ABEFHLMORT.

Garden memory

ZIELBEREICHE	SPRACHE	Wortschatz- und Wortfeldarbeit
	FERTIGKEITEN	Hörverstehen, reproduzierendes Sprechen und Schreiben
	ALLGEMEIN	Konzentration, Wettbewerb
DURCHFÜHRUNG	SPIELFORM	Gruppen bis zu 5 Spielern
	MATERIAL	(selbstgefertigte) *memory cards* zum jeweiligen Thema (= Wortfeld), z.B. „Garten“: Gemüse, Früchte, Blumen, Bäume, Geräte
	ZEIT	10 - 20 Minuten
	VERLAUF	Die Karten werden vor der Gruppe ausgelegt, und die Spieler erhalten Gelegenheit, sie zwei Minuten aufmerksam zu betrachten, bevor sie umgedreht werden. Jeder Spieler schreibt die Gegenstände, an die er sich erinnert, auf. Die Listen werden vorgelesen, und ein Spieler notiert an der Tafel die Gesamtzahl, die dann mit den Ergebnissen der anderen Gruppen verglichen wird. Oder: Die Kärtchen werden paarweise aufgedeckt. Jeder Spieler erzählt etwas über die von ihm gewonnenen Bildkärtchen.

VARIANTEN

Außer den genannten beiden Möglichkeiten läßt sich das *Memory* auch nur mündlich spielen, indem jeder Spieler sich sofort zu der von ihm aufgedeckten Karte äußert: Benennen, einen Satz sagen, eine Frage formulieren usw.
Möglich ist das Spiel auch mit der ganzen Klasse gleichzeitig, wenn die Bilder auf Folie gezeigt und dann abgedeckt werden.
Je nach Wortfeld können die Spielkarten von den Schülern selber hergestellt werden; günstige Quellen sind Kataloge und Prospekte.

Describe and arrange

ZIELBEREICHE	SPRACHE	Wortfelder, Wortschatzarbeit, Präpositionen
	FERTIGKEITEN	Hörverstehen, reproduzierendes und freies Sprechen
	ALLGEMEIN	Genauigkeit, Orientierungsvermögen, Kooperation
DURCHFÜHRUNG	SPIELFORM	Partnerspiel
	MATERIAL	pro Spielerpaar ein DIN A4-Blatt mit ca. 12 unzusammenhängenden Einzelbildern (*cartoons,* Darstellung einzelner Gegenstände bis hin zu Fotos von Gebäuden, Sehenswürdigkeiten, Städten) und die 12 Einzelbilder extra
	ZEIT	je nach Bildstruktur 10 – 30 Minuten
	VERLAUF	Der eine Spieler erhält das Blatt, der gegenübersitzende Spieler die Einzelbilder. Der erste Spieler beschreibt das erste Bild (mit Ortsangabe), der zweite Spieler kann so lange nachfragen, bis er es unter seinen 12 Bildern identifiziert hat, und legt es dann an die bezeichnete Stelle vor sich hin. Der Spieldurchgang ist beendet, wenn alle Einzelkärtchen so liegen wie auf dem Blatt. Die beiden Spieler vergleichen selbst.

HINWEISE

Diese Spielstruktur ermöglicht und fordert intensives Beschreiben und Nachfragen, also echte Kommunikation. Das Spiel kann gut dem Lernniveau angepaßt werden: Bei drei Bildern pro Reihe kommt man mit den Ortsbestimmungen *in, on, in the middle, on the right, on the left* und der Benennung des Gegenstandes *(a big red apple)* schon aus. Mehr Bilder mit komplexeren Inhalten erfordern dann intensives Nachfragen und einen differenzierteren Beschreibungswortschatz.
Die Materialien sind leicht herzustellen und sollten ausreichend zur Verfügung stehen zum Tauschen (ein Set pro Zweiergruppe).

Materialspiel
ab 1. Lernjahr

Find words

ZIELBEREICHE	SPRACHE	alphabetische Wortschatzaktivierung, Wörter im Kontext
	FERTIGKEITEN	Hörverstehen, reproduzierendes und freies Sprechen, Lesen
	ALLGEMEIN	Reaktionsfähigkeit, Konzentration
DURCHFÜHRUNG	SPIELFORM	alle, im Kreis
	MATERIAL	Korb (Hut usw.) mit Buchstaben- bzw. Wortkärtchen
	ZEIT	10 – 30 Minuten (mit Varianten)
	VERLAUF	Ein Schüler zieht eine Buchstabenkarte aus dem Hut, nennt den Buchstaben laut *(I've got a D)* und reicht ihn an einen Mitspieler weiter *(Peter!)*, der ein mit *D* beginnendes Wort nennt *(dog)* und den nächsten Buchstaben zieht. Jeder kann mehrmals an die Reihe kommen.

VARIANTEN

Die „klassische" Grundstruktur dieses Spiels (Kreis, Kärtchen aus Behälter ziehen) läßt unzählige Varianten zu. Die Kärtchen können Buchstaben, Bilder, Worte enthalten, wodurch jeweils ein neuer Wortschatz-Übungsaspekt akzentuiert wird.

Mögliche Aufgaben:
- Ein Wort mit einem bestimmten Anfangsbuchstaben finden.
- Einen Satz bilden, in dem das Wort vorkommt.
- Eine bestimmte Wortart nennen.
- Eine Frage stellen (z. B. *Have you got a dog?*).

Stammen alle Wörter aus einem bestimmten Wortfeld (*School, Holidays* usw.), so bewegt sich das Spiel stärker innerhalb einer Situation.

Materialspiel
ab Ende 1. Lernjahr

Pantomime 1

ZIELBEREICHE

SPRACHE: Verben der Bewegung, des Sprechens usw.; Entscheidungsfragen; *present progressive*

FERTIGKEITEN: Hörverstehen, Sprechen (Benennen)

ALLGEMEIN: darstellen, beobachten, wahrnehmen

DURCHFÜHRUNG

SPIELFORM: im Kreis oder frontale Sitzordnung

MATERIAL: Kärtchen mit *activities* zur pantomimischen Darstellung (möglichst konkrete Situationen!)

You're clearing the table after the family breakfast on Sunday.	*You're drinking a glass of orange juice after a long walk in summer.*

ZEIT: 15 – 20 Minuten

VERLAUF: Aus einem Korb (Hut) zieht ein Spieler ein Kärtchen, liest es für sich und stellt dann im Kreis oder vor der Gruppe die *activity* pantomimisch dar. Währenddessen fragen die Mitspieler: *Are you ...?* Der Darsteller antwortet: *No, I'm not./Yes, I am.* Wer die richtige Frage stellt, zieht das nächste Kärtchen.

VARIANTEN

Spielform ohne Kärtchen: Alle Spieler überlegen sich *activities.* Der erste Spieler flüstert die von ihm gewählte Tätigkeit dem Spielleiter zu (Steuerungsmöglichkeit, Vermeiden von Mißverständnissen) und führt sie dann aus.

Das Spiel ist auch möglich im Wettbewerb zwischen zwei Gruppen, wobei die Spieler jeder Gruppe abwechselnd spielen und fragen.

Zu Beginn empfiehlt sich der Frage-Antwort-Dialog zwischen Spielleiter und Spielern: *What's he/she doing? – He's/She's ... – No, he/she isn't./Yes, he/she is.*

Auswahlliste geeigneter Verben/*activities* für die Lernjahre 1 – 3:

answer the phone
ask/tell the way
blow out (birthday candles)
brush (teeth)
break (cup, dish)
buy (record, book, stamp)
clean (bike, car)
clear the table
cry
cut (bread, paper)
decorate (Christmas tree)
dry/wash the dishes
fasten (seat belt)
give (a present)
go (shopping, sightseeing)
go to bed
have (breakfast, tea)
knock (at door)
lay the table
leave (home)
listen (to radio, pop music)
play (football, tennis)
read (a magazine, book)
repair (bike)
ride a bike
ring up
shut (the door, window)
sing (a song)
take photos
take the dog for a walk
watch (TV, football match)
wrap (a present)
write (a letter)

Pantomime 2

ZIELBEREICHE	SPRACHE	Verben der Bewegung usw.; Entscheidungsfragen im *present perfect*
	FERTIGKEITEN	Hörverstehen, Sprechen (Benennen)
	ALLGEMEIN	darstellen, beobachten, wahrnehmen
DURCHFÜHRUNG	SPIELFORM	im Kreis
	MATERIAL	Kärtchen mit Themenbereichen, z. B. *in the kitchen, at school, at the seaside, in the disco*
	ZEIT	ab 20 Minuten
	VERLAUF	Der Spielleiter vergibt Themenkärtchen an Gruppen (5 – 6 Spieler), die sich dazu so viele *activities* ausdenken, wie Spieler in der Gruppe sind. Im Kreis beginnt ein Spieler von Gruppe 1 und stellt seine Tätigkeit pantomimisch dar: *What have I done? – You've cleaned a car. – No, I haven't/That's wrong. – Yes, I have/That's right.* Die Gruppe, die die Tätigkeit errät, erhält einen Punkt. Wenn jeder Mitspieler seine *activity* dargestellt hat, ist die Gruppe Sieger, die die meisten Punkte erzielt hat.

VARIANTEN

Dieses Spiel kann auch zur Übung des *present progressive* eingesetzt werden, wenn der darstellende Spieler seine Tätigkeit weiter fortführt, während er (oder der Spielleiter) fragt. Auch das „Thema" kann erraten werden – das ergibt einen zusätzlichen Punkt.

Fill the gap

ZIELBEREICHE	SPRACHE	Vokabular in Wortfeldern; Rechtschreibung
	FERTIGKEITEN	Hörverstehen, Sprechen
	ALLGEMEIN	rasche Reaktion, Spannung
DURCHFÜHRUNG	SPIELFORM	alle, im Kreis
	MATERIAL	*alphabet cards* (ein Set)
	ZEIT	10 - 20 Minuten
	VERLAUF	Der Spielleiter legt die *alphabet cards* verdeckt vor sich hin, läßt dabei aber zweckmäßigerweise all jene Buchstaben weg, die selten als Anfangsbuchstaben fungieren (z. B. X, Z, K, V). Er wählt ein Wortfeld (z. B. *School, Animals, Holidays, Travelling, Shopping)* und erzählt eine dazu passende Geschichte, in deren Verlauf immer wieder der Name eines Gegenstandes von den Spielern eingefügt werden muß. Wenn die „Lücke" da ist, hebt der Spielleiter die nächste *alphabet card* hoch, und wer als erster ein passendes Wort mit diesem Anfangsbuchstaben ruft, erhält die Karte. Wer am Schluß der Geschichte die meisten Karten hat, ist Sieger.

HINWEISE

Wichtig bei diesem Spiel sind zwei „Konfliktpunkte":
- Das Hochheben der *alphabet card* muß so erfolgen, daß *alle* Spieler sie möglichst gleichzeitig sehen.
- Es muß klar entschieden werden, wer als erster gerufen hat, z. B. durch den Schiedsrichter, durch Wiederholen, durch Aufstehen.

Guess who you are

ZIELBEREICHE	SPRACHE	Entscheidungsfragen mit *Yes/No*-Antworten; Wortfelder: Berufe, Farben, Aussehen
	FERTIGKEITEN	Hörverstehen, reproduzierendes und freies Sprechen
	ALLGEMEIN	Kontaktaufnahme, Konzentration
DURCHFÜHRUNG	SPIELFORM	alle, frei im Raum sich bewegend
	MATERIAL	Namenskärtchen und Sicherheitsnadel (selbsthaftende Kärtchen)
	ZEIT	ca. 15 Minuten (länger bei steigender Sprechkompetenz)
	VERLAUF	Jeder Spieler bekommt ein Kärtchen auf den Rücken geheftet mit dem Namen eines Mitschülers oder einer Mitschülerin. Über Entscheidungsfragen an die anderen, die sich mit ihm im Raum bewegen, soll er herausfinden, wer er ist: *Is it a girl?* oder *Am I a girl? Is my hair black/brown?* usw. Wer seine Identität herausgefunden hat, nimmt das Kärtchen ab und setzt sich hin.

VARIANTEN

Je breiter das Spektrum der zu erratenden Persönlichkeiten ist, desto schwieriger und langwieriger wird das Erfragen. Hier eine mögliche Steigerung für Wortfeld und Fragestrukturen:

- Personen nur aus der Klasse (Kriterien: Geschlecht, Haarfarbe, Augenfarbe, Kleidung, Vorlieben, Eigenschaften);
- bekannte Persönlichkeiten (nur lebende, aus den Bereichen Sport, Musik, Politik oder auch gemischt);
- berühmte Persönlichkeiten aus der Vergangenheit (ein Bereich, verschiedene Bereiche).

Das Spiel kann auch als „einer gegen alle“ mit einem Schüler vor der Klasse gespielt werden: Er fragt, bis er weiß, wer er ist.

Materialspiel
ab 2. Lernjahr

Bits and pieces

ZIELBEREICHE

SPRACHE: Satzstruktur; Fragen und Antworten

FERTIGKEITEN: Hörverstehen, Leseverstehen, Sprechen

ALLGEMEIN: Kontakt aufnehmen (verbal), sich verständigen

DURCHFÜHRUNG

SPIELFORM: Kleingruppen (3 – 4 Spieler); im Kreis

MATERIAL: Kärtchen mit Satzelementen

When	*do*	*you*	*get up*	*in the morning*	?

ZEIT: 30 – 45 Minuten (je nach Länge der Sätze)

VERLAUF: Jede Kleingruppe erhält vom Spielleiter zwei Umschläge: Im ersten sind die Teile einer Frage, im zweiten die Teile einer (nicht zur Frage passenden!) Antwort. Auftrag an die Kleingruppen ist: *Find/Make up a question and an answer. Your question and answer do not fit together so you'll have to find another group that has got the answer to your question.* Im ersten Teil befragen sich die Kleingruppenteilnehmer untereinander und stellen Frage und Antwort in der richtigen Wortfolge zusammen. Im zweiten Teil geht jede Kleingruppe auf die Suche: *Have you got the answer to our question? It is "...?"*. Das Spiel endet, wenn alle Kleingruppen die Antwort auf ihre Frage gefunden haben. Vorlesen im Kreis.

HINWEISE

Je nach den verwendeten Sätzen ist der Einsatz evtl. auch schon im 1. Lernjahr möglich.

VARIANTEN

Eine Variante zum beschriebenen Verlauf ist: Die zusammengestellten Fragen werden im Kreis verlesen, und die jeweilige Kleingruppe gibt dann die passende Antwort dazu *(Who has got the answer to this question?).*

Steigerungsmöglichkeiten dieser Spielform sind: Eine der Anzahl der Kleingruppen entsprechende Zahl von Sprichwörtern wird wie oben aufgeteilt. Entweder erhält jede Gruppe die Bestandteile eines *proverbs* zum Zusammenstellen, oder die gesamten Kärtchen werden an alle Spieler verteilt. Die zweite Version erfordert sehr viel Verständigung (und Zeit), bis sämtliche *proverbs* zusammengestellt sind. Dabei ist eine Auswahl von Sprichwörtern günstig, die sich deutlich voneinander unterscheiden.

Eine weitere Möglichkeit sind Texte (z. B. *jokes*), die satzweise aufgeteilt werden und danach wieder sinnvoll zusammenzusetzen sind.

Materialspiel
ab 2. Lernjahr

Find the difference

ZIELBEREICHE	SPRACHE	Wortfeldarbeit; bezeichnen, beschreiben, fragen
	FERTIGKEITEN	Hörverstehen, freies Sprechen
	ALLGEMEIN	Genauigkeit, Kombinationsfähigkeit
DURCHFÜHRUNG	SPIELFORM	Partnerspiel
	MATERIAL	für ein Spielerpaar ein Set von je zwei sehr ähnlichen, aber nicht identischen Bildern, z. B. ein Korb mit Äpfeln, ein Teller mit Äpfeln; ein Haus mit Garten und Baum, ein Haus mit Garten ohne Baum usw.
	ZEIT	je nach Bildstruktur und Anzahl der Bilder 10 – 20 Minuten
	VERLAUF	Der erste Spieler sagt einen Satz über sein Bild, z. B. *I've got a basket/There's a basket in my picture.* Der zweite Spieler antwortet: *I've got a basket, too* oder *I haven't got a basket, but I've got a plate.* Sie beschreiben und fragen so lange zurück, bis sie gemeinsam genau wissen, worin der Unterschied zwischen ihren beiden Bildern besteht.

VARIANTEN

Das Spiel eignet sich gut als Wettspiel, das auch in Gruppen (4 – 5 Spieler) gespielt werden kann. Durch die Bildstruktur läßt es sich dem Niveau der Lerngruppe anpassen, so daß es mit entsprechendem Inhalt auch noch im 5. und 6. Lernjahr gespielt werden kann. Je geringfügiger der Unterschied ist, desto spannender kann das Spiel werden. Bei komplexen Bildern kann der Unterschied durch Übermalen hergestellt werden.

Materialspiel
ab 2. Lernjahr

Questions and answers 1

ZIELBEREICHE

SPRACHE: Fragen mit *why,* Antworten mit *because; present/past*

FERTIGKEITEN: Hörverstehen, Sprechen

ALLGEMEIN: Konzentration, Spannung, Spaß

DURCHFÜHRUNG

SPIELFORM: Kettenfragen in der üblichen Sitzweise bei kurzer Spieldauer oder im Kreis

MATERIAL: selbstgefertigte Frage-Antwort-Kärtchen

... because I left the book at home. *Why are you laughing?*	*... because I'm rather lazy.* *Why are you looking out of the window?*

ZEIT: 20 – 30 Minuten

VERLAUF: Jeder Schüler erhält mehrere Karten, die er aufeinanderlegt. Ein Spieler beginnt mit der ersten Frage und legt dann die Karte zuunterst. Der Gefragte antwortet mit dem *because*-Satz auf seiner obersten Karte und stellt dann die darunterstehende Frage an den dritten Spieler. So läuft das Spiel, bis alle Karten verbraucht sind. Daß Frage und Antwort selten zueinander passen, erhöht den Reiz des Spiels.
Denkbar ist natürlich auch eine „sinnvolle" Variante: Wer die passende Antwort hat, liest sie vor und stellt anschließend seine Frage. Danach legt er die Karte ab. Wer keine Karten mehr hat, ist Sieger.

VARIANTEN

Dieses Spiel kann, wie jedes Frage-Antwort-Spiel, auch nur ganz kurz dauern. Dann erhält jeder Spieler lediglich eine Karte (übliche Sitzweise).
Steigerungsmöglichkeit: Jeder Spieler überlegt sich eine *why*-Frage und eine *because*-Antwort (oder zwei Fragen und Antworten), wobei die Fragen in einem bestimmten Kontext stehen können (z. B. *Sports, Pop music* usw.). Dann läuft das Spiel genauso – nur *ohne* Kärtchen.

Materialspiel
ab 2. Lernjahr

Questions and answers 2

ZIELBEREICHE

SPRACHE: Fragen mit *who* und *where;* Unterscheidung *present/past*

FERTIGKEITEN: Hörverstehen, Sprechen

ALLGEMEIN: Konzentration, Spannung, Spaß

DURCHFÜHRUNG

SPIELFORM: Kettenfragen in der üblichen Sitzweise bei kurzer Spieldauer oder im Kreis

MATERIAL: selbstgefertigte Frage-Antwort-Kärtchen

My mother. *Near the house.* *Who has eaten the pudding?*	*In front of the bus.* *The teacher.* *Where did you find the book?*

ZEIT: 20 – 30 Minuten

VERLAUF: Jeder Spieler erhält mehrere Karten, die er aufeinanderlegt. Ein Spieler stellt einem Mitspieler die erste Frage und legt dann die Karte zuunterst. Der Gefragte antwortet mit der entsprechenden Version, je nachdem, ob es eine *who-* oder eine *where-*Frage war. Stimmt seine Entscheidung, so fragt er den nächsten Spieler. Das Spiel läuft, bis alle Karten verbraucht sind, oder es endet nach einer vereinbarten Zeit.

VARIANTEN

Fertigt der Lehrer die Kärtchen an, so ist das Spiel für die Schüler zunächst eine spielerische *Anwendungsübung.* Sie können die Kärtchen aber auch selbst herstellen (jeder Schüler sechs) und beliebig mischen. Eine weitere Steigerung des *who/where-*Fragespiels ist die nur mündliche Form: Jeder Spieler überlegt sich zwei bis vier Fragen und Antworten; dann läuft das Spiel wie oben mit Zurufen im Kreis.

Questions and answers 3

ZIELBEREICHE

SPRACHE: Fragestrukturen: *How is…?* und *What's… like?* mit entsprechenden Antworten; Unterscheidung

FERTIGKEITEN: Hörverstehen, Sprechen

ALLGEMEIN: Konzentration, Spannung, Spaß

DURCHFÜHRUNG

SPIELFORM: Kettenfragen in der üblichen Sitzweise bei kurzer Spieldauer oder im Kreis

MATERIAL: selbstgefertigte Frage-Antwort-Kärtchen

He/She has (got) a headache and a temperature. *He's/She's tall.* *How is your friend?*	*He's/She's good at sports and strong.* *He/She has (got) a cold.* *What's Mary like?*

ZEIT: 20 – 30 Minuten

VERLAUF: Bei diesem Spiel geht es um eine Diskriminationsübung von *What's… like?* und *How is…?* Wegen der möglichen Interferenzprobleme empfiehlt es sich, die Frageformen zuerst *getrennt* zu üben und evtl. auch zu spielen (also nur *What's… like?*). Erst dann ist die Kombination sinnvoll.

Wieder beginnt der erste Spieler mit der Frage auf seinem (obersten) Kärtchen, und der Gefragte wählt von den beiden Antworten seines obersten Kärtchens die der Frage entsprechende aus. Stimmt seine Wahl, stellt er die Frage an den dritten Spieler usw.

VARIANTEN

Auch hier kann bei sehr kurzer Spieldauer einfach die übliche Sitzweise beibehalten werden. Im Kreis ist natürlich die Interaktion, d. h. die Dialogsituation deutlicher. Als Steigerungsmöglichkeiten überlegen sich die Schüler eigene Fragen und Antworten (ohne Kärtchen). Schließlich können auch mehrere Fragestrukturen kombiniert werden (4.–6. Lernjahr).

Questions and answers 4

ZIELBEREICHE

SPRACHE: Fragen und Antworten; Umschreibung mit *do; present/past*

FERTIGKEITEN: Hörverstehen, Sprechen

ALLGEMEIN: Konzentration, Spannung, Spaß

DURCHFÜHRUNG

SPIELFORM: Kettenfragen in der üblichen Sitzweise bei kurzer Spieldauer oder im Kreis

MATERIAL: evtl. Frage-Antwort-Kärtchen

Every morning. *Do you like school?*	*When it is foggy.* *Would you like to be a pop star?*

ZEIT: 20 – 30 Minuten

VERLAUF: Diese Fragespiel-Varianten werden auch *Impertinent questions* genannt, weil alle Arten von direkten und neugierigen Fragen erlaubt sind. Sicherlich hängt der Spaß von der Frage- wie von der Antwortstrategie ab: je direkter die Fragen und je punktueller die Antworten (Zeitpunkt: *at midnight, on Mondays only, on Christmas Day;* Ausschließlichkeit: *never, always, with pleasure*), desto witziger die Zufallskombinationen. Im Ablauf wie *Questions and answers* 1 – 3.

VARIANTEN

Gerade bei dieser Version des Frage-Antwort-Spiels sind neben den Fragen auf Kärtchen auch spontane Fragen geeignet. Um lange Denkpausen zu vermeiden, werden drei Minuten Zeit gegeben, so daß jeder Spieler sich eine oder zwei Fragen und Antworten zurechtlegen kann. Wenn das Spiel läuft, entwickelt sich meist viel Witz und Spontaneität. Ist den Schülern eine Frage zu persönlich, können sie mit *I won't answer this question* oder *I don't want to answer your question* antworten.

Letter game

ZIELBEREICHE

SPRACHE: Anwendung und Übung von Relativsätzen *(defining relative clauses: who, which, that, whose)*

FERTIGKEITEN: Hörverstehen, reproduzierendes und freies Sprechen

ALLGEMEIN: Aufmerksamkeit, Reaktionsfähigkeit

DURCHFÜHRUNG

SPIELFORM: übliche Sitzweise

MATERIAL: pro Schüler ein „frankierter" Umschlag mit zwei (vier, sechs usw.) verschiedenfarbigen Kärtchen, z. B. rot = *main clause*, gelb = *subordinate clause*, die nicht sinngemäß zusammengehören

ZEIT: bis zu 45 Minuten

VERLAUF: Jeder Schüler erhält einen Umschlag mit zwei (vier, sechs) Kärtchen der beiden Sorten. Das Verteilen der „Briefe" kann als Einstiegsspiel dem nachfolgenden Lernspiel vorgeschaltet werden: *I've got a letter from* . . . (Städte, Länder) und *I've got a stamp that shows*. . . (Städte, Tiere, Pflanzen, Gebäude usw.). Das Lernspiel beginnt, indem ein Schüler seinen *main clause* liest und der Schüler mit dem passenden *subordinate clause* antwortet. Dieser fährt dann mit seinem *main clause* fort usw.

VARIANTEN

Eine Alternative ist die obengenannte Einbeziehung der Briefe und Briefmarken. Weiterhin macht die paarweise Anzahl von Kärtchen das Spiel interessanter und verhindert auch das „Abschalten" der Spieler, die ihr Kärtchen verlesen haben.
Eine Steigerungsmöglichkeit ist das Weglassen aller *subordinate clauses* im Umschlag. Wer immer einen Satz beenden kann, fährt mit seinem *main clause* fort. Statt des *main clause* könnte auf der entsprechenden Karte eine Frage stehen (vgl. Beispiele unter 2.).

Beispiele:

1. *The Underground is a train*	*that/which travels underground.*
A tourist is a person	*who travels in a foreign country.*
A timetable is a plan	*that/which shows you, for example, when buses leave.*
A teacher is a man or a woman	*who teaches pupils.*
A return ticket is a ticket	*that/which you can use for a journey and back again.*
A raincoat is a coat	*that/which keeps you dry.*
A cow is an animal	*that/which gives milk.*
A fireman is a person	*who fights fires.*
A bird is an animal	*that/which has got feathers.*
A team is a group of people	*who play a game together/work together.*

▶

2. Fragen (geeignet zur Wiederholung und Reaktivierung von Wortschatzbereichen; Gattungsbezeichnungen notwendig!)
   What's a fire-engine?
   What's a shopping list?
   What's a spacecraft?
   What's a record-player?
   What's a book-shelf?
   What's a microscope?
   What's a goods train?
   What's a package tour?

Definitions

ZIELBEREICHE	SPRACHE	*defining relative clauses; relative pronouns: that, who;* Wortschatzaktivierung in wählbaren Wortfeldern, z. B. Berufe, Tiere, Sport
	FERTIGKEITEN	Hörverstehen, reproduzierendes und freies Sprechen
	ALLGEMEIN	Einbringen von außerfachlichem Wissen, rasche Reaktion
DURCHFÜHRUNG	SPIELFORM	alle, im Kreis
	MATERIAL	Kärtchen mit Bildern von Berufen (Tieren, Sportlern, Musikern usw.), evtl. mit Benennung auf der Rückseite; geknotetes Tuch
	ZEIT	10 - 20 Minuten
	VERLAUF	Der Spielablauf läßt sich klar strukturieren, wenn vorher festgelegt wird, daß auf jedes Bild mit einem *defining relative clause* reagiert werden soll. Ein Spieler zieht ein Kärtchen, zeigt es und sagt: *I've got a mechanic.* Dann wirft er das geknotete Tuch einem Mitspieler zu, der den abgebildeten Begriff mit einem Relativsatz erläutert, z. B. *A mechanic is a person who repairs cars.* Danach zieht er ein neues Kärtchen und macht weiter.

VARIANTEN

Alle Spieler ziehen ihre Kärtchen gleichzeitig. Es wird ohne Wurfgegenstand gespielt. Ein Spieler zeigt sein Kärtchen und sagt: *I've got a rabbit.* Wer nun zuerst eine richtige Definition nennt (z. B. *A rabbit is an animal that eats grass*), erhält dieses Kärtchen. Dann zeigt der nächste Spieler sein Kärtchen, bis alle Spieler an der Reihe waren. Wer am Schluß die meisten richtigen Antworten geben konnte, also die meisten Kärtchen hat, ist Sieger.

Balloon game

ZIELBEREICHE	SPRACHE	Bedürfnisse äußern, Argumente; überzeugen, begründen, sich abgrenzen
	FERTIGKEITEN	Hörverstehen, freies Sprechen
	ALLGEMEIN	sich identifizieren, sich einfühlen, beurteilen und sich entscheiden
DURCHFÜHRUNG	SPIELFORM	Gruppen von 4 – 5 Spielern
	MATERIAL	Kärtchen mit vorgegebenen Rollen (evtl. auch mit Rollenprofilen)
	ZEIT	mit Vorbereitung 35 – 45 Minuten
	VERLAUF	In einem Fesselballon befinden sich vier (fünf) Persönlichkeiten (des öffentlichen Lebens, der Politik, der Kultur, der Popszene usw.). Der Ballon sinkt rapide und wird abstürzen, wenn ihn nicht ein Mitreisender freiwillig verläßt (bzw. wenn nicht zwei Mitreisende aussteigen). Jeder vertritt sich mit den besten Argumenten, bevor die Gruppe gemeinsam darüber entscheidet, wer keinesfalls springen darf. Die Gruppe bereitet sich vor, indem jeder Spieler sich mit seiner Rolle befaßt und sich Argumente überlegt. Für diese Phase können vorher gemeinsam Redemittel zusammengestellt werden (Folie).

VARIANTEN

Für jede Gruppe kann die gleiche Rollenverteilung vorgesehen werden. Die jeweiligen Rollenträger (z. B. alle Mick Jaggers) bereiten sich zusammen vor und gehen dann in ihre Gruppen. Jede Gruppe diskutiert in einer vorgegebenen Zeit vor den beobachtenden anderen Gruppen. Die Erarbeitung der angegebenen Kommunikationsfunktionen mit alternativen Redemitteln ist sehr wichtig.

Materialspiel
ab 4. Lernjahr

Mindbenders

ZIELBEREICHE

SPRACHE: *brainstorming:* Vermutungen anstellen, Lösungsvorschläge machen, Einfälle äußern

FERTIGKEITEN: Hörverstehen, Sprechen

ALLGEMEIN: Phantasie, Kreativität, *"lateral thinking"*, Spaß

DURCHFÜHRUNG

SPIELFORM: alle, in Kreisform günstig

MATERIAL: Kärtchen mit *strange endings*

ZEIT: 10 - 30 Minuten

VERLAUF: Der Spielleiter präsentiert das seltsame Ende einer Geschichte mit dem Impuls: *What happened here?* Alle Mitspieler werfen ihre Ideen, Einfälle und Phantasielösungen in den Kreis, wobei zunächst alles gilt, was nicht den Vorgaben widerspricht - es kann nicht phantastisch genug sein. Langsam kristallisiert sich dann evtl. eine Möglichkeit heraus. Der Spielleiter kann die Lösung geben - wesentlich ist jedoch nicht *die* Lösung, sondern der Spaß am Suchen einer Lösung; es sollte also pausenlos Vorschläge regnen. Wichtig ist, daß keine „Denkpausen" entstehen und die Sprechbarrieren erhöhen.

Hier zwei Beispiele (mit Lösungen):

Problem: A woman went into a bar and asked for a glass of water. The barman pointed a gun at her. She thanked him and went out.
Solution: She had hiccups and wanted the water to cure it. The barman gave her a shock by producing a gun; this cured it and she was grateful.

Problem: A man was found lying dead in the middle of a desert. He had a pack on his back.
Solution: He was a parachutist whose parachute failed to open.

VARIANTEN

Eine gute Variante ist die Arbeit in Gruppen von fünf bis acht Spielern (bei kleineren Gruppen versickern die Ideen leicht), wobei jede Gruppe ein bis zwei Probleme auf Kärtchen erhält. Bei arbeitsgleichen Gruppen können danach die Lösungsvorschläge verglichen werden.

*Labels**

ZIELBEREICHE	SPRACHE	beschreibende Adjektive, *reported speech* (ohne Zeitverschiebung)
	FERTIGKEITEN	Hörverstehen, reproduzierendes und freies Sprechen, Schreiben
	ALLGEMEIN	Beobachtung, Selbst- und Fremdwahrnehmung, Einfühlung
DURCHFÜHRUNG	SPIELFORM	Gruppen von 8 – 10 Spielern; im Kreis
	MATERIAL	Kärtchen zum Anstecken oder Anheften (*labels*) mit Adjektiven
	ZEIT	20 – 30 Minuten

VERLAUF

Der Spielleiter erklärt vorweg den Begriff *label*, zeigt dann auf die ausgebreiteten Kärtchen (zwei für jeden Spieler) und sagt: *Here I have some labels for you to look at.* Die Gruppe schaut sich die Kärtchen an, wobei alle nicht ganz klaren Adjektive erläutert werden können.

Hier einige Beispiele:

interesting	pretty	funny
nice	attractive	lazy
brilliant	exciting	fascinating
great	friendly	intelligent

Dann: *Now you can go round, take a label and stick it on somebody in the group you feel it fits. As you stick it on you* must tell *the other person why you've chosen the label for him/her, and the other must carefully register the explanation. Nobody can be given more than three (two) labels.* Auch der Spielleiter beteiligt sich. Nach dieser Runde (ohne zusätzliches Sprechen!) setzt sich die Gruppe im Kreis zusammen, und der Spielleiter beginnt, auf eines der ihm angehefteten Kärtchen deutend: *Peter says I'm lazy because I'm so often late.* Hier ist ein Hinweis auf das *present* sinnvoll.

HINWEISE

Bei der Auswahl der Adjektive ist es wichtig, daß vorwiegend positive verwendet werden, um zu vermeiden, daß einzelne Schüler sich verletzt fühlen.

* Die Idee stammt aus Christine Frank und Mario Rinvolucri: *Grammar in Action.* Max Hueber Verlag, München 1983.

Biographies

ZIELBEREICHE	SPRACHE	Personenbeschreibung, Lebenslauf; begründen
	FERTIGKEITEN	Hörverstehen, freies Sprechen
	ALLGEMEIN	Phantasie, Assoziationen, Spaß, Kooperation
DURCHFÜHRUNG	SPIELFORM	Gruppen von 4 – 6 Spielern
	MATERIAL	für jede Gruppe ein großer Bogen Packpapier oder Tapete; je ein Set Bilder einer Person (männlich oder weiblich) in verschiedenen Situationen und Lebensaltern; Klebstoff und Filzstifte
	ZEIT	45 Minuten
	VERLAUF	Jede Gruppe erweckt die in zehn Bildern vorgegebene Person zum Leben: Sie erhält einen Namen, und die Gruppe erfindet ihren Lebenslauf, der in zehn Stationen bildlich erfaßt ist. In dieser Reihenfolge werden die Bilder aufgeklebt und mit *captions* versehen; dann wird der gesamte Lebenslauf der Person erstellt. Jede Gruppe führt ihr Poster vor und erzählt dazu die Biographie der dargestellten Person. Am besten eignen sich hierfür Bilder aus Zeitschriften.

HINWEISE

Gerade die Unstimmigkeiten und Brüche zwischen den Bildern regen die Phantasie und Fabulierlust an. Es können Regeln gegeben werden, z. B. „Die zeitliche Abfolge muß stimmen“ oder „Die einzelnen Geschehnisse müssen (nicht!) realistisch sein“.
Die Zeitvorgabe ist für dieses Kooperationsspiel wichtig als „Entscheidungshilfe“.

Alibi

ZIELBEREICHE	SPRACHE	Wortfeld: Personenbeschreibung; begründen, überzeugen, abwehren
	FERTIGKEITEN	Hörverstehen, freies Sprechen
	ALLGEMEIN	Assoziieren, Phantasie, Einfühlung
DURCHFÜHRUNG	SPIELFORM	Gruppen von 4 – 8 Spielern; Gruppe vor der Klasse
	MATERIAL	Großaufnahmen von Männern und Frauen verschiedenen Alters (gut geeignet sind Fotos aus Prospekten, Werbefotos auf Karton gezogen und mit Folie überklebt)
	ZEIT	20 – 30 Minuten
	VERLAUF	Der Spielleiter erzählt eine möglichst spannende kurze Geschichte einer „kriminellen Tat“, mit genauer Angabe von Sachverhalt, Ort und Zeitpunkt, läßt dann die vier bis acht Spieler je eine der verdeckten Portraitaufnahmen ziehen und eröffnet ihnen, daß sie alle zu dem Kreis der Verdächtigen zählen. Einer nach dem anderen soll sich nun dem Kommissar vorstellen und sein Alibi so überzeugend vorbringen, daß er freigesprochen werden kann. Das Klassenforum (2. Spielversion!) entscheidet mit. Der Kreis der Verdächtigen wird immer kleiner, bis der Täter gefunden ist, dessen Alibi nicht überzeugt.

VARIANTEN

Die Klasse ist das Entscheidungsforum (Meinungsäußerungen). Damit wird das Spiel komplexer und langwieriger, aber auch ergiebiger. Die Alibi-Aussage kann zeitlich festgelegt werden (z. B. eine Minute).

Hier sind Aufsätze und Monographien zur Didaktik des Spiels im Fremdsprachenunterricht sowie Spielesammlungen zusammengestellt[1].

Baer, Ulrich: *Remscheider Diskussionsspiele.* Remscheid: Akademie Remscheid für musische Bildung und Medienerziehung, 3. verbesserte Auflage 1977

Baer, Ulrich: *Spiele für Großgruppen.* Remscheid: Akademie Remscheid für musische Bildung und Medienerziehung, [4]1978

Black, Colin; Butzkamm, Wolfgang: *Klassengespräche.* Kommunikativer Englischunterricht: Beispiel und Anleitung. Heidelberg: Quelle & Meyer, 1977

Coburn-Staege, Ursula: *Lernen durch Rollenspiel.* Theorie und Praxis für die Schule. Frankfurt: Fischer, 1977

Dixey, James; Rinvolucri, Mario: *Get up and do it!* Sketch and Mime for E.F.L. Students' Book, Teacher's Book. London: Longman, 1978

Freudenstein, Reinhold u.a.: „Rollenspiel" – ZE-Diskussion. In: *Zielsprache Englisch,* Heft 4/1977, S. 1–16

Freund-Heitmüller, Karin: *Reim und Lied im Englischunterricht.* Hannover: Schroedel, [3]1974

Gudjons, Herbert: *Praxis der Interaktionserziehung.* Bad Heilbrunn: Klinkhardt, 1978

Hill, L.A.; Popkin, P.R.: *Let's Do Crosswords 1–4.* Berlin: Cornelsen & Oxford University Press, 1978

Höper, Claus J.; Kutzleb, Ulrike; Stobbe, Anke; Weber, Bertram: *Die spielende Gruppe.* 115 Vorschläge für soziales Lernen in Gruppen. Wuppertal: Jugenddienst, 1974

Huberich, Peter; Huberich, Ulla: *Spiele für die Gruppe.* Heidelberg: Quelle & Meyer, 1979

Klippel, Friederike: *Lernspiele im Englischunterricht.* Mit 50 Spielvorschlägen. Paderborn: Schöningh, 1980

Klippel, Friederike: „Spiel mit Ziel. Lernspiele im Englischunterricht". In: *Praxis des neusprachlichen Unterrichts,* Heft 2/1980, S. 127–134

Klippel, Friederike: *IDEAS.* Übungsvorschläge und Arbeitsblätter für einen aktiven Englischunterricht. Dortmund: Lensing, 1983

Knight, M.: "Role-play". In: *Zielsprache Englisch,* Heft 2/1977, S. 6–12

Lee, W.R.: *Language Teaching Games and Contests.* Oxford: Oxford University Press, [2]1979

Löffler, Renate: *Spiele im Englischunterricht.* Vom lehrergelenkten Lernspiel zum schülerorientierten Rollenspiel. München: Urban & Schwarzenberg, 1979

Löffler, Renate; Kuntze, Wulf-Michael: *Spiele im Englischunterricht 2.* München: Urban & Schwarzenberg, 1980

[1] Ein ausführliches Literaturverzeichnis zur Theorie des Spiels findet sich in Renate Löffler: *Spiele im Englischunterricht,* München 1979, und in Renate Löffler; Wulf-Michael Kuntze: *Spiele im Englischunterricht 2,* München 1980.

Löffler, Renate: „Spiele im Englischunterricht – auch bei erwachsenen Lernern?". In: *Zielsprache Englisch*, Heft 3/1983, S. 1–7

Löffler, Renate: „Spiele im Fremdsprachenunterricht. Vom ‚Lückenfüller' zum ‚integrierten Lernangebot'". In: *Neusprachliche Mitteilungen aus Wissenschaft und Praxis*, Heft 4/1984, S. 205–211

Macht, Konrad; Arnold, Hilde; Geppert, Gerda; Hösl, Rita: *Das darstellende Spiel im Englischunterricht.* Ansbach: Prögel, 1977

Maley, Alan; Duff, Alan: *Drama Techniques in Language Learning.* Cambridge: Cambridge University Press, 1978 (rev. ed. 1982)

McCallum, George P.: *101 Word Games.* For Students of English as a Second or Foreign Language. Oxford: Oxford University Press, 1980

Moskowitz, G.: *Caring and Sharing in the Foreign Language Class.* A Sourcebook on Humanistic Techniques. Rowley: Newbury House, 1978

Mundschau, Heinz: *Lernspiele für den neusprachlichen Unterricht.* München: Manz, ²1976

Nickel, H.W.: *Das Rollenspielbuch. Hilfen für Spielleiter.* Heft 9. Recklinghausen, 1972

Ramme, J.; Riese, H.: *Spiele für Viele.* Ideen für Jeden. Braunschweig: Spiel- und Lernzentrum e.V., 1981

Rixon, Shelagh: *How to use games in language teaching.* London: Macmillan, 1981

Schiffler, Ludger: *Interaktiver Fremdsprachenunterricht.* Stuttgart: Klett, 1980

Schwerdtfeger, Inge Christine: *Gruppenarbeit im Fremdsprachenunterricht.* Ein adaptives Konzept. Heidelberg: Quelle & Meyer, 1977

Sibler, Hans-Peter u.a.: *Spiele ohne Sieger.* Ravensburg: Otto Maier, 1976

Spier, Anne: *Mit Spielen Deutsch lernen.* Lernen mit Ausländern. Unterrichtsmaterialien. Frankfurt: Scriptor, 1981

Ur, Penny: "How is a Game like a GLALL?" Teaching Ideas in: *PET*, March 1986, S. 15–16

Vopel, Klaus W.: *Interaktionsspiele.* Hamburg: Isko-Press, 1975

Vopel, Klaus W.: *Handbuch für Gruppenleiter.* Zur Theorie und Praxis der Interaktionsspiele. Hamburg: Isko-Press, 1976

Wagner, Johannes: *Spielübungen und Übungsspiele im Fremdsprachenunterricht.* Regensburg, 1977

Warns, Else: *Die spielende Klasse.* Ideen, Vorschläge und Texte für Schule und Gruppe. Wuppertal: Jugenddienst, 1976

Wetzel, Ernst: *It's Fun to Play – It's Fun to Guess.* Aids to Modern English. Frankfurt: Diesterweg, ²1973

Wright, Andrew; Betteridge, David; Buckby, Michael: *Games for Language Learning.* Cambridge: Cambridge University Press, 1979

von Ziegesar, Detlef; von Ziegesar, Margaret: *Kommunikative Grammatikübungen für den Englischunterricht.* Sekundarstufe I. Stuttgart: Klett, ²1984

Register

Das Register enthält Begriffe aus den Zielbereichen *Sprache, Fertigkeiten* und *Allgemein* sowie wichtige Stichworte aus den Abschnitten *Durchführung, Varianten* und *Hinweise.*
Die Zahlen beziehen sich auf die Seiten.
Die Titel der einzelnen Spiele finden sich im Inhaltsverzeichnis.

Das „Tröpfle“ als Preis

Die Vorlagen auf dieser Seite können ohne besondere Genehmigung des Verlages für Unterrichtszwecke kopiert werden. Aus ihnen lassen sich die bei Jugendlichen beliebten Buttons als Preis für einen Spieler oder ein Team herstellen. Man braucht dazu Karton, Klebestreifen, Sicherheitsnadeln, Zirkel und Schere. Und so wird es gemacht:

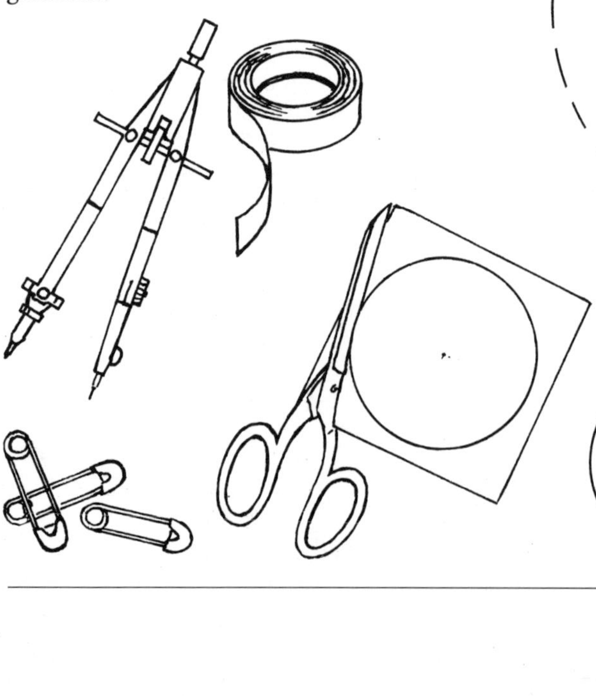